통상정책

서정민

10

도서출판 해남

통상정책

초판1쇄 인쇄 2023년 11월 20일
초판1쇄 발행 2023년 11월 24일

저 자 서정민
발행인 노현철
발행처 도서출판 해남

출판등록 1995. 5. 10 제 1-1885호
주 소 서울특별시 마포구 마포대로8길 9 영명빌딩 405호
전 화 739-4822 **팩스** 720-4823
이 메 일 haenamin30@naver.com
홈페이지 www.hpub.co.kr

ISBN 978-89-6238-810-7 93320

이 저서는 2021년 대한민국 교육부와 한국학중앙연구원(한국학진흥사업단)을 통해 K학술확산 연구소사업의 지원을 받아 수행된 연구임(AKS-2021-KDA-1250002).

머리말

논문이나 보고서가 아닌 일반인을 대상으로 한 문고 형식의 책으로는 첫 출판 작업이었습니다. 글을 쓰며 나름의 고민들이 있었지만, 가장 큰 고민은 책의 범위를 결정하는 통상(通商)이라는 용어 자체였습니다. 무역(貿易)이라는 용어와 자주 혼용되기도 하지만, 관련 분야에서 일하면서 구분되어 사용되는 경우도 많이 보아 왔습니다. 적어도 정책 측면에서의 통상이라는 용어는 경제적 이슈에 관해 외국 정부와 갈등 해결이나 협력 모색을 위한 협상의 맥락에서 배타적으로 사용되는 듯합니다. 이러한 용례를 좀 더 일반화시켜서 대한민국 통상정책의 역사가 무엇인지에 대해 적용해 보면, 세계 경제 질서라는 외부 환경과 한국 경제 구조라는 내부 환경 변화에 따라 발생하는 외국과의 갈등 양상 변화와 이에 대한 정책적 대응의 궤적 정도로 생각할 수 있을 것 같습니다.

물론 그럼에도 남는 모호함 혹은 반례들은 있습

니다. 하지만 분명 존재하는 무엇을 일관되게 말하면서도 용어의 정의와 기준을 정하는 데 불필요하게 너무 힘을 뺏기지 않으면서 책을 쓸 수 있을까 고민하다 내린 답은 "나보다 앞서 오랫동안 또 실제적으로 고민하였을 흔적들을 따라가기"였습니다. 즉, 책의 일관성을 유지하기 위한 자료로 대한민국 통상의 실제적 주체로서 관련 사실들을 오랜 기간에 걸쳐 일관되게 정리하여 왔고 지금도 하고 있는 한국무역협회의 『무역연감』에 주목하게 되었습니다. 특히, 그중 '통상정책', '통상외교', '변화와 대응' 등의 제목으로 분류된 부분을 주요 대상으로 삼았습니다. 물론 이 책은 그 부분을 단순히 요약, 정리한 글이 아닙니다. 그 부분을 출발점으로 삼아, 『무역연감』이 다루고 있는 다양한 주제들을 중심으로 대내외적 환경을 살피고 전체적인 맥락과 해석을 다루고자 하였습니다.

'통상정책'이라는 다소 투박한 제목의 이 책은, 단순한 정보의 전달을 넘어, 대한민국 통상정책의 흐름과 배경을 조망하고자 하는 연구자, 일반인 모두를 위한 안내서입니다. 우리가 통상에 대한 결정을 내릴 때 어떤 고려사항이 있는지, 대한민국이 글로벌 무역에서 어떤 역할을 하는지, 그리고 통상정책이 우리의 경제와 국제적 입지에 미치는 영향은 무엇인지에 대한 이해를 돕기 위해 노력하였습니다.

이 책을 통해 대한민국 경제성장의 역사를 통상정책의 관점에서 바라볼 수 있는 통찰을 얻고, 통상의 중요성과 복잡성에 대해 이해하는데 도움이 되길 기대합니다. '통상'이 우리의 미래를 결정하는 길목에서, 이 책이 여러분의 이해와 판단에 조금이나마 도움이 되길 바랍니다.

마지막으로, 이 책이 출판되는 데 도움을 주신 서울대학교 한국경제와 K학술확산 연구센터, 특별히 이 주제로 저술을 권유해 주신 서울대 경제학부 조영준 교수께 깊은 감사를 드립니다. 아울러, 원고를 작성하는 동안 유익한 의견을 주신 경희대학교 무역학과 장용준 교수님과 건국대학교 국제무역학과 김경화 교수님께 감사의 말씀을 전합니다.

2023. 10

서정민

차례

들어가며

대한민국 경제성장의 역사는 무역을 통한 성장의 역사라 할 수 있다. 현재 한국은 세계적 규모의 무역국가일 뿐만 아니라 주요 산업들의 구조 역시 내수시장보다는 수출시장을 중심으로 짜여 있다. 이러한 현재의 모습은 지난 세월 동안 다양한 대외 통상 환경 변화 가운데 한국이 적응하고 대응하는 과정에서 축적된 결과라는 관점에서 이해할 수 있다. 이 책은 이러한 관점들 중에서 특별히 통상정책의 측면에 집중하여 한국의 경제성장 과정을 조망해 보고자 한다.

시기적으로는 대한민국 정부 수립 전후 시기부터의 통상정책에 국한한다. 한국의 근대적 통상 관계의 시작은 1876년 2월 27일 강화도 조약이라 불리는 「조일수호조규」(朝日修好條規)를 체결한 때로도 볼 수 있지만, 세계 무역 질서에 온전한 통상주권을 가지고 참여하였는지를 기준으로 한다면 1948년 대한민국 정부 수립 이후부터를 살펴보는 것이 가장 엄격한 시작점이라 할 것이다. 더욱이 강화도 조약 이후 조선 및 대한제국 시기의 통상정책은 1910년 한일합병 조약으로 국권 상실 이후 대한민국 통상정책과 단절적이기도 하거니와, 강화도 조약과 후속 조치인 「조일무역규칙」(朝日貿易規則)•에서 보인 바와 같이 근대적 통상 관계에 대한 인식하에서 온전한 통상자주권을 활용였다고 보기에는 여러 한계가 있었던 것이 사실이다. 이에 연속적이고 자주적인 통상정책의 출발 혹은 재출발과 변화 과정이 추적 가능한 기간인 대한민국 건국 전후부터의 시기에 집중하고자 한다.

한국경제가 저개발국에서 선발 개발도상국으로, 또 선진국으로 발돋움하는 각 단계마다 세계 무역 질서에는 커다란 변화들이 있었다. 해방 직후 새로운 전후 자유 무역 질서인 GATT(관세 및 무역에 관한 일반 협정) 체제가 조성된 것을 시작으로, 냉전기 개발도상국의 자유 무역 질서 편입을 유도하기 위한 개발도상국 우대원칙 확대, 냉전 종식 후 WTO(세계무역기구) 체제 성립을 통한 급속한 세계화의 진전, 이후 지역주의 확산과 글로벌 분업 구조 심화, 최근에는 코로나 팬데믹과 미-중 패권 분쟁으로 촉발된 글로벌 공급망 재편까지, 한국의 경제발전은 세계 무역 질서의 변화와 궤

조일무역규칙: 조일무역규칙은 강화도 조약 제11조에 따라 조약에서 보충이 필요한 통상 관련 세칙을 정하기 위해 1876년 8월 24일 의정부 당상 조인희(趙寅熙)와 일본 외무대승 미야모토 고이치(宮本小一) 간에 체결된 의정서이다. 근대 이전 왜관 무역 관행에 따라 관세 규정을 포함하지 않으므로 일본 수입품에 대한 무관세 조치의 규범적 근거가 되었다. 이후 조선 정부의 지속적인 개정 요구로 1883년 조일통상장정(朝日通商章程)을 통해 제한적이나마 관세정책에 대한 자주권을 회복하였다.

를 같이하며 주요 변곡점을 기점으로 단계적 성장을 이루어 온 과정으로 이해할 수 있다.

한국 무역의 발전이나 무역정책에 대해서는 이미 다양한 연구들이 존재하지만 이 책은 무역보다는 통상의 시각으로 접근한다는 데 차이점이 있다. 무역과 통상은 한국어로는 분명 다른 용어이고, 영어로는 trade와 commerce로 구분하기도 하지만 대체로는 trade로 사용하는 것이 일반적이다. 한국에서 무역정책과 통상정책이 다른지, 다르다면 무엇이 다른지에 대해서는 여러 의견들이 있을 수 있겠지만, 이 책에서는 다음과 같이 구분하고자 한다. 즉, 무역정책은 '자국을 중심에' 놓고 외부 환경인 '세계에 대해' 국내적으로 어떻게 대응할 것인지에 관한 것이라면, 통상정책은 자국과 외국 간의 '관계를 중심에' 놓고 관계에서 파생되는 상업적 '이슈들에 대해' 어떻게 대응할 것인지에 관한 관점이다. 이러한 관점에 따르면, 통상정책은 상(商)거래를 통(通)하게 하기 위한 정부 정책이란 점에서 상대국 정부와의 관계가 전제된 개념이며, 외국과의 상거래 원활화를 저해하는 이슈인 통상 이슈에 대해 상대국 정부와 견제와 협력을 통해 해결을 모색하는 정책이라 할 수 있다.

예를 들어 생각해 보자. 무역정책에는 국산 영화 산업 보호를 위한 스크린쿼터제, 식량 자립 확보를 위한 농산물 고관세 제도, 글로벌 역량이 부족한 중소기업의 해외 진출 촉진을 위한 해외 시장 정보 제공이나 해외 전시회 참여 지원, 수출 유망 산업의 국제기술 경쟁력 향상을 위한 R&D 지원 등 주로 시장개방에 따른 국내 산업 보호나 해외 시장 진출을 위한 사실상 산업정책들이 포함된다. 통상정책은 시장개방 여부, 정도, 방식 등에 관해 구체적 상대인 외국 정부와 규칙 자체를 정하는 협상이나, 개방 과정에서 정부 정책과 관련해 발생하는 마찰을 정부 간의 협의를 통해 해결하기 위한 교섭을 의미할 때 주로 사용된다. 전자의 경우 한-미 FTA(Free Trade Agreement, 자유무역협정)• 협상이, 후자의 경우 미국의 한국산 수입 세탁기에 대한 세이프가드 조치(Safeguard measures, 긴급수입제한 조치)•에 대한 한미 정부 간 협의, 한국의 WTO 제소 등의 일련의 과정들이 그 예가 될 것이다.

이러한 구분은 저자의 임의적인 것이 아니라 사실 한국 무역계에서 오래전부터 사용되어 오던 대표적인 인식의 하나이다.

FTA: FTA는 협정을 체결한 국가들 사이에서만 상품이나 서비스 교역 관련 무역장벽들을 배타적으로 철폐하는 협정으로, 모든 회원국에 대해 차별없는 대우를 원칙으로 하는 WTO 규범에 대해 일정한 조건을 충족하는 경우 예외로 인정되는 통상 규범이다.

세이프가드 조치: 세이프가드 조치는 시장개방에 따른 급격한 수입 증가로부터 자국 산업을 보호하기 위해 시장개방 약속에도 불구하고 해당 품목에 대한 수입을 일시적으로 제한하는 정부 조치를 의미한다. 과거 각국이 일방적으로 자국의 편의대로 사용되었으나, 점차 동 조치를 어떠한 조건에서 어떠한 절차에 따라 사용할지에 대한 공통의 규칙이 형성되어 왔다. 현재 모든 WTO 회원들이 공통으로 준수하는 WTO 긴급수입제한 조치 협정과 양국 간 사정에 따른 추가적인 규칙을 해당 국가들 간 FTA에 별도의 장(章)을 통해 해당 조치에 관한 국제 규범이 존재하고 있다.

> “무역 및 외환정책이 국제 무역 증진을 위한 제반 국내적 장해요인을 제거하고 국내 경제요소가 타 부문에 별다른 영향을 미치지 않고 원활히 무역 증진에 기여케 함을 정책적 목표로 삼는 데 반해서, 통상정책은 무역 증진을 위한 제 국제적 장해요인을 제거하고 국가와 국가 상호 간의 원활한 교역과 그 교역량 증대를 목표로 하는 것으로 생각할 수 있다”(『무역연감』 1965: 100).

개념적이고 사례적인 구분에도 불구하고 여전히 무엇이 통상정책이고 무엇은 통상정책이 아닌지를 완전히 구분하는 것은 불가능할 뿐 아니라 구별의 실익 또한 크지 않은 경우가 대부분이다. 이에 한국의 통상정책 역사를 일관되게 서술하기 위해 위 관점을 기본적으로 염두에 두면서, 구체적인 서술 대상을 선정하는 기준은 자료적 일관성에서 찾고자 한다. 즉, 한국 무역에 관해 가장 오랜 기간 정리되어 온 문헌 자료인 한국무역협회의 『무역연감』에서 통상정책으로 분류하고 있는 내용을 기준으로 그 변화 과정을 살펴본다.

『무역연감』은 1950년부터 매년마다 한국 무역의 현황과 제도 발전을 수출입 기업 입장에서 기록하여 온 자료인데, 1960년부터 ‘통상정책’을 ‘무역정책’과 분리하여 통상정책 혹은 통상 환경 장(章)에서 기술해 왔다. 한국의 통상정책은 온전한 통상정책 주권을 회복한 대한민국 정부 수립 이후부터이지만, 직전의 시대적 배경에 대한 이해를 위해 일본 식민지 경제 체제에서 분리된 해방 직후 미군정 시대부터 먼저 살펴보기로 한다. 서술의 편의상 각 절은 10년 단위로, 각 장은 대략 20년을 기준으로 묶어 기술하였다. 용어 측면에서 당시 대외 인식을 반영할 수 있다고 판단된 표현들(가령 중국을 나타내는 중공과 자유대만 등)의 경우 해당 연도 『무역연감』에서 사용한 표현을 가능한 그대로 사용하였다.

1

전후 국제 통상 질서 성립기(해방~1950년대), 통상주권의 회복

해방 직후 정부 수립 이전

정부 수립 이후 1950년대

해방 직후 정부 수립 이전

1940년대부터 미국은 전후 국제 경제 질서 재편을 구상하며 이른바 브레튼우즈(Bretton Woods) 체제로 알려진 IMF(International Monetary Fund, 국제통화기금), World Bank(세계은행), ITO(International Trade Organization, 국제무역기구)의 성립을 추진하였다. 1945년 12월 국제 통화와 국제 개발 협력을 담당할 두 기구인 IMF와 World Bank는 공식 출범하게 되었으나, 새로운 국제 통상 질서는 여러 제안과 논의 끝에 1947년 10월 GATT(General Agreement on Tariffs and Trade, 관세 및 무역에 관한 일반 협정)•가 체결되면서 국제기구의 형태 대신 다자 간 협정의 형태로 성립되었다.

GATT: GATT는 관세 철폐와 무역 증대를 목적으로 1947년 23개국의 체결로 시작된 국제 통상규범으로, 이후 1964년 케네디 라운드, 1979년 도쿄 라운드 등 8차에 걸친 수정 협상을 거치며 발전하여 1994년 우루과이 라운드를 통해 1995년 WTO(World Trade Organization, 세계무역기구)로 대체되기 전까지 사실상 전 세계 자유무역 질서의 제도적 규범이었다.

이러한 국제 환경 속에서 한국은 1945년 8월 일제 식민지에서 해방되었고, 1948년 8월 대한민국 정부가 수립되는 과정을 겪고 있었다. 그 기간 동안 한국의 통상정책은 미군정이 생필품 확보를 위해 일본 및 중국과의 무역 및 밀무역을 통제하는 국가 통제적 정책이었다.

미군정 기간 한국의 무역은 다른 모든 부문에서와 마찬가지로 미군정청의 관리하에 놓여짐에 따라 자주적인 통상정책은 사실상 불가능하였지만, 이때의 정책들이 대한민국 정부 수립 이후에도 한동안 지속되었다는 점에서 의미가 있다. 통상정책을 포함한 해방 후 한국의 정책 환경은 1945년 9월 7일 「미육군 태평양사령부 포고 제1호」를 통해 38도선 이남에 미군정 실시를 선포함으로써 시작되었다. 재조선미군사령관에 임명된 미 제24군단장 하지(J. R. Hodge) 중장은 미 제7보병 사단장 아놀드(A. V. Arnold) 소장을 군정 장관에 임명하였고, 군정청의 성격, 임무, 기구 및 국·과장급 인사를 9월 20일 발표함으로써 38도선 한반도 이남에 본격적인 미군정 통치가 시작된 것이다.

아놀드 장관 임기 중 미군정은 조선 총독부의 사무 체제가 그대로 유지된 상태에서 민정조직이 전술군의 지휘 계통에 통합된 형태였다. 최초 군정 기구는 관방(官房)에 총무·외사·인사·기획·회계·지방 등의 6개 과(課)를 두었으며, 집행기관으로 경무·재무·광공·학무·농상공·법무·체신·교통 등의 국을 두었다가 이후 광공국은 상무국으로 개칭되는 과정을 거쳤다. 독자적 민사행정 조직 체계는 1946년 1월 4일 러취(Archer L. Lerch) 소장이 2대 군정 장관에 취임하면서 비로소 수립되었는데, 1946년 3월 중앙 집행부서의 국제

(局制)를 부제(部制)로 개편하면서 상무국을 부로 승격시키는 한편, 외무과를 포함한 관방 7개 과를 처(處)로 승격하면서 본격화되었다.

해방 직후 한국의 무역구조는 식민지 기간 중 형성된 일본 경제권 내 분업 체계에서 특화된 산업구조와 높은 대일본 무역의존도를 가진 기형적 구조였다. 해방은 대외 경제구조의 급작스러운 단절을 의미하였고, 이는 필연적으로 여러 변화들을 수반하였다. 공식적으로 무역은 매우 제한적인 방식으로만 가능하였다. 해방 이후 한국의 첫 공식 무역은 1945년 9월 한국의 소금과 일본 및 미국의 석탄을 교환한 것이었으며, 미국 상사회사(USCC)를 통한 관영 무역 형태의 거래로 알려져 있다. 『무역연감』 일지에 따르면, 그마저도 남한의 대외 수출품 판매는 미국 상사회사에서 취급하기로 하였다고 1946년 9월 20일 외전을 통해 알려졌다. 이후 공식적인 거래는 정부 수출 대행기관인 대한교역주식회사를 통하여 제한적으로만 이루어졌다. 공식적인 무역 규모는 1946년 수출 354만 달러, 수입은 원조 4,949만 달러를 포함할 경우 6,075만 달러였으며, 원조를 제외한 실질 수출입은 1,479만 달러 수준에 불과하였다.

해방 직후 미군정 당국의 최우선 경제정책 목표는 식량을 포함한 생필품의 원활한 공급과 자체 공급 증대였고, 이를 위해 다양한 통제정책 수단들이 동원되었다. 군정청 설립 이후 최초의 경제 조치는 점령 지역에 대한 긴급 구호성 원조인 이른바 '점령 지역 구호 원조'(Government Appropriation for Relief in Occupied Areas: GARIOA)로 식료품, 의류, 의약품 등의 생필품을 최우선 품목으로 하는 한편, 비료, 농업용품 등의 생산 수단에 대한 직접 지원이 주를 이루었다. 통상과, 앞서 언급한 정의에 따르면 정확히는, 무역과 직간접적으로 관련된 최초의 조치는 1945년 10월 5일 공포된 일반고시 제1호「미곡의 자유시장 건」으로 볼 수 있다. 이는 일본이 1942년 이후 실시하여 왔던 식량 통제정책과 식량 배급제를 전면 철폐하는 것으로, 식량 공출을 위해 통제되던 식량 문제를 시장 메커니즘을 통해 해결하고자 한 정책이었다. 구체적으로는 1945년 전례 없는 대풍이었음에도 극심한 쌀 부족 현상을 해결하기 위해 도입된 정책이었다. 쌀 부족 원인에 대해서는 해방 이후 만주와 북한 지역에서 유입된 인구 증가 때문이라는 분석도 있으나, 통상 측면에서는 식민지 분업 체계의 단절 상황에서 미곡시장 자유화와 일본의

|그림 1| "식량 밀수밀매를 고발하자, 식량 행정에 협력하자"는 미군정청 포스터(1945년)

자료: 국사편찬위원회 소장.

식량 부족으로 인한 수입수요 급증이 맞물려 발생한 밀수출 증대, 이에 따른 국내 공급 부족으로 설명할 수 있다. 패망 직후 일본은 식민지에서 귀국한 환일본인의 급격한 유입과 흉작으로 극심한 식량 부족 현상을 겪고 있었는데, 한국의 행정 공백 상황을 이용해 상인과 어민들이 기동선이나 어선을 이용해 쌀을 수출하고 국내 공급이 제한된 화장품, 피복, 학용품, 의약품 등을 수입하는 밀무역을 통해 큰 이익을 얻을 수 있는 구조에 놓이게 된 것이다. 커다란 밀수출 유인이 존재하는 상황에서 미곡시장의 자유화는 지주와 상인들의 쌀에 대한 매점매석 유인으로, 이는 다시

쌀값 폭등으로 이어지게 된 것으로 설명할 수 있다. 이에 미군정은 1946년 1월 1일부터 쌀 한 말당 38원이라는 최고가격제로 대응하기도 하였으나 결국 1946년 1월 25일 법령 제45호로 「미곡수집령」을 공포함으로써 미곡시장 자유화 정책의 실패를 인정하고 1945년산 추곡을 공출하기 시작하였다. 당시 신문들을 살펴보면, 식량 위기의 주요 원인으로 대지주, 모리배의 매점매석과 함께 일본으로의 밀수출을 지적하는 기사를 쉽게 찾아볼 수 있다.

일본 외 주요 교역 대상은 중국이었다. 중국과의 교역은 인천항에 들어오는 중국 정크선들을 통한 이른바 정크 무역이 중심이었는데, 기본적으로 고추·마늘·옷감 등 생필품을 수입하고, 건어물·인삼 등 특산물을 수출하는 형태였다. 이는 중국은 물론 한국 측의 공식적인 인정 없이 이루어지는 밀무역이었는데, 미군정청은 아편 등 일부 특별 관리 품목을 제외하고는 제약을 가하지는 않았다. 이후 중국 정크선들의 품목이 점차 만주·톈진·다롄·칭다오 지역에서 일본군이 남기고 간 전시물자를 적재해 인천으로 들어오는 단계로 확대되면서 정크 무역의 규모가 커지자 미군정청은 무역업자의 난립을 인지해 「대외무역규칙」을 근거로 1946년 8월 무역면허제를 도입하게 되었다.

아놀드 군정 장관 재임 마지막 날인 1946년 1월 3일 발표된 군정 법령 제39호 「대외무역규칙」은 38도선 이남 한반도에 대한 대외 무역의 허가 범위와 원칙을 규정한 해방 이후 첫 통상 관련 국내 규범이라 할 수 있다. 총 10개 항으로 구성된 동 규칙은 남한과 타 지역 간의 화물이나 재산의 운수는 미군정 장관이나 그 대리자의 허가를 받지 않고는 자유로운 대외 거래 행동을 할 수 없다는 무역통제 원칙을 확립하는 것을 핵심 내용으로 하였다. 구체적으로, 조선에서 육해공 모든 교통 수단을 통해 나가고 들어오는 모든 화물을 포함한 재산과 사람의 이동에 대한 원칙적 금지(제1~4항), 허가받지 않은 이동이나 이동 수단에 대한 제재 방법(제5~6항), 예외(제7항), 나가고 들어옴의 경계(border)로서의 '조선'에 대한 정의(제8항), 형벌규정(제9항), 효력발생일(제10항) 등으로 구성되어 있다. 통상 규범 측면에서 1946년 미군정 「대외무역규칙」은 대한민국 정부 수립 이후 1953년 3월 상공부 고시 제88호로 「대외무역 수속에 관한 건」이 공포되고 1957년 12월 「무역법」이 제정될 때까지 한국 무역관리제도의 근거가 되었다. 「대외무역규칙」에 따른 무역허가제를 통해 국내 기업과 정크선 화주 간 거래는 비로소 공식화되었으며, 무역허가는 자본금이나 실적 등에 대한 규제 없이 신청만 하면 어렵지 않게 교부가 이루어졌다. 「대외무역규칙」은 1946년 8월 1일부터 시행되었는데, 『무역연감』 일지에 따르면 같은 해 10월 19일까지 외국 무역허가 건수는 295건이었던 것으로 알려져 있다.

미군정하에서 한국은 외국과 자주적인 외교 관계를 맺을 수 없는 상황이었던바, 한국 선박은 외국 항에 자유로이 입항할 수 없었고, 외국 정부 또한 자국 선박의 한국 입항과 물품의 수출이 공식적인 허가가 이루어지지 않은 때라 당시 무역은 사실상 대부분 밀무역이었다. 정크 무역 역시 미군정에서 수출입을 허가하는 등 통제하에 이루어진 것이나 상대국인 중국의 허가가 없는 무역이었다는 점에서 상호 간 공식 무역은 아니었다. 이러던 중 포르투갈령 마카오가 1947년 3월 한국으로 들어가는 물품에 수출승인서를 발급하게 되어 최초의 합법적 무역선인 페리어드호가 인천항에 입항함으로써 공식적으로 상호 합법적인 민간 무역이 개시될 수 있었다. 아울러, 6개월 후 마카오에 이어 홍콩이 한국에 대한 수출허가를 시작함으로써 공식 민간 무역은 점차 확대되어 갈 수 있었다.

미군정은 민간 물자보급 계획에 따른 수입만 이루어지던 대중 무역을 확대하기 위해, 1946년 3월 상무국 주도로 중국과 무역계획을 수립하고, 같은 해 11월에는 무역국장 외 4명을 무역교섭 대표로 중국에 출장을 보내는가 하면, 1947년 2월에는 조-중 무역 협정 준비 교섭을 진행하기도 하였다. 특히, 1946년에 해방 이후 최초의 무역진흥정책으로 평가되는 상하이 출장소를 설치하기도 하였는데, 1947년 하반기부터 중국의 2차 국공내전에서 중공군의 공세가 역전됨에 따라 중국과의 무역이 축소되고 1949년 중국이 공산화되면서 결국 중국과의 통상정책은 중단될 수밖에 없었다.

이와 같이 미군정 시기 통상정책은 통상주권 회복 이전 상태에서 경제 자유화를 기본으로 하지만 원칙적으로 허가 없이는 일체의 대외 무역 및 교류를 금지하는 관영 무역을 중심으로 운영되었다. 1947년 5월 군정 법령 제141호에 의해 38선 이남 지역의 입법·행정·사법 각 부문의 재조선미군정청한국인기관(在朝鮮美軍政廳韓國人機關)을 남조선 과도 정부라고 부르기로 함으로써 공식적인 과도 정부가 시작되어 미군정청의 기관을 인수해 외무부가 존재하기도 하였으나,

1948년 2월 UN 승인을 얻기 전까지 독자적 외교권 행사가 불가능하여 독자적 통상정책을 수립하거나 운영하지는 못하였다. 특히, 대외 거래에 대한 통제로 일반인의 해외 진출과 시장개척은 불가능하였을 뿐만 아니라, 외환과 관련하여서도 1948년 2월 조선환금은행의 외국환예금제가 발표되기 전까지 무역은 한동안 물물교환 원칙이 적용될 수밖에 없는 국제 시장과의 연계가 정상적이지 않은 상황이었다.

정부 수립 이후 1950년대

1948년 8월 15일 대한민국 정부 수립으로 비로소 통상정책의 자주성을 회복하게 되었다. 이는 한국이 근대사에 들어 처음으로 호혜 원칙에 입각한 무역 관계를 발전시킬 기회를 갖게 된 것을 의미하였다. 1947년 1월, 전후 새로운 국제 통상 질서인 GATT 체제가 효력을 발생하며 자유 무역에 기반한 국제 통상 환경이 조성되기 시작되고 있었다. 하지만 한국은 한국전쟁과 그로 인한 전후복구 과정에서 해외 원조에 의존할 수밖에 없는 상황에 놓이면서 통상정책의 온전한 자주성을 발휘하는 데 더 시간이 필요하였다. 즉,

전후복구 과정에서의 해외 원조는 통상정책 운영에 일정한 외부적 제약으로 작용하였고, 이러한 한계는 1957년 미국과의 통상협정 체결을 기점으로 비로소 극복되었다.

자주적 통상제도의 수립

자주 국가로서 통상에 관한 국내적 제도 기반은 1948년 7월 17일 대한민국 제헌 국회가 제정한 대한민국 제헌 헌법 제87조●를 통해 처음으로 마련되었다. 제헌 헌법 제87조는 대외 무역에 대한 국가 통제 원칙을 명확히 하는 방향으로 설정되었는데, 1952년 개헌에서는 동일한 문구로, 1954년 개헌에서는 대외 무역 국가 통제에 대한 법률주의가 추가되기도 하였으나, 국가 통제 대상으로서의 무역이라는 규범적 틀은 1962년 개헌 이전까지 지속되었다.

1948년 헌법 제87조: 대외 무역은 국가의 통제하에 둔다.

1954년 헌법 제87조: 대외 무역은 법률에 정하는 바에 의하여 국가의 통제하에 둔다.

한국의 통상정책은 1948년 11월 4일 외무부의 통상국과 상공부의 무역국이 설치되어 통상정책 수립 및 이행을 위한 행정조직 체계가 갖추어지면서 비로소 구체화되었다. 외무부 통상국은 정책과, 교역과, 지도과의 3과 체제로 구성되었는데, 정책과는 국제 경제, 금융, 교통 사정의 조사연구, 대외 경제정책의 수립, 국제경제회의 및 국내 타과 주관에 속하지 않는 사항을, 지도과는 해외 시장, 상품의 판로 및 업자의 지도에 관한 사항을, 교역과는 금융, 무역 및 교통에 관한 대외교섭 사항을 담당하였다. 다른 한편, 상공부 무역국은 기획과, 수출과, 수입과의 3과 체제였으며, 기획과는 무역통제와 무역계획에 관한 사항을, 수출과는 수출에 관한 사항을, 수입과는 수입에 관한 사항을 담당하였다. 이러한 외무부 통상국과 상공부 무역국 간의 역할 분담에서 다시 한 번 앞서 살펴본 통상은 대외 관계 중심적, 무역은 국내 중심적이라는 구분적 인식을 엿볼 수 있다. 수출진흥을 위한 구체화된 첫 활동은 1950년 건국 이후 최초로 참여한 해외 무역전시회인 미국 시카고 박람회 참여 지원으로 회원사 대표들이 수공품, 수예품, 견직물 등 230종의 상품을 가지고 참여할 예정이었으나, 한국전쟁의 발발로 상품 출품에 그치면서 뚜렷한 성과를 거두기는 어려웠다.

정부 수립 직후의 통상정책

한편, 대외적으로는 1948년 9월 20일 대한민국 조약 제1호인 「대한민국 정부 및 미국 정부 간의 재정 및 재산에 관한 최초협정」이 발효됨으로써 공식적인 자주적 대외 관계를 수립해 가기 시작하였다. 동 협정의 주요 내용은 대한민국 정부는 미군정청 및 과도 정부가 제정, 시행한 모든 법률과 규칙을 승계하고(제11조●), 특히 통상 측면에서 상호 만족할 수 있는 통상조약에 관한 교섭이 있을 때까지 현재 합법적으로 향유하는 연합국 국민과 회사의 권리가 유지됨을 확인(제12조●)하는 등을 포함하는 것이었다.

최초협정 제11조: 대한민국 정부는 재조선 미군정청 또는 남조선과도정부의 일절의 현행 법률, 법령 및 규칙을 전적으로 계속 시행할 것을 협약함.

최초협정 제12조: 상호간에 만족할 수 있는 친선조약 및 통상조약에 관한 교섭이 있을 때까지 한국에서 현재 합법적으로 향유하는 연합국 국민 및 회사의 권리 및 특전은 차를 존중하고 확인할 것을 협약함.

제1호 조약이 한국의 통상규범의 연속성 유지를 위한 것이었다면, 제2호 조약은 외국 정부와 일 대 일로 체결한 최초의 경제 관련 협정인 「대한민국 및 미합중국 간의 원조협정」(1948. 12. 14 발효)이었다. 정부 수립 이후의 원조는 긴급구호보다는 경제부흥 지원을 위한 원조의 형태로 전환됨에 따라, 이전과 달리 한국경제의 안정과 부흥이라는 장기적인 목적이 설정되고 그에 따라 원조의 효율성 증대가 요구되었다. 즉, 수혜국 정부인 대한민국 정부의 재정 및 금융 정책의 건전화, 외환 및 무역 거래의 규제 적절화, 양곡 정책의 실효화 등의 조건들이 구체적으로 요구되었다. 통상과 관련한 조건으로는 대한민국 정부의 외국환 거래 및 무역통제, 외국인 투자 환경 개선 등에 노력 의무 등이 규정되었다(제2조●). 다른 한편, 향후 양

원조협정 제2조: 대한민국 정부는 이용할 수 있는 모든 한국의 자원을 가장 유익한 방법으로 사용할 뿐 아니라 미합중국 정부가 대한민국 정부에 제공하는 원조도 같은 유효한 방법으로 사용하기로 한다. 또한 한국경제를 가급적 속히 강화하며 안정시키기 위하여 대한민국 정부는 취중 하기 조치를 유효 적절하게 취할 것을 자에 약속한다.

국 간 '우호통상조약이 효력을 발생할 때까지' 즉시 무조건으로 상품교역에 최혜국 대우를 부여(제6조 제2항●)하기로 하는 등 사실상의 잠정적인 통상협정의 성격도 포함하고 있었다.

원조협정 제6조 제2항: 미합중국 정부와 대한민국 정부 간의 우호통상조약이 효력을 발생할 때까지 미합중국 정부는 즉시 무조건으로 대한민국의 상품교역에 모든 제3국의 상품교역에 부여하는 것과 동일한 대우를 부여한다. 동양으로 대한민국에서도 모든 제3국의 상품교역에 부여하는 것과 동일한 대우를 즉시 무조건으로 미합중국의 상품교역에 부여한다.

1957년 한미통상조약 체결 이전까지 한국이 외국과 체결한 유일한 통상협정은 1950년 4월 1일 발효된 「대한민국과 점령하 일본 간의 무역협정」이었다. 일본과의 무역협정 체결은 물론 식민지 시대에 고착화된 한일 간 의존적 경제구조의 관성으로 일본이 최대 교역국이었기 때문이기도 하였지만, 다른 한편으로 대한민국 정부의 수립 이후 남북한 간 교역이 전면 중단되고 중국이 공산화되면서 한국이 사실상 대외 관계상 섬으로 변화한 데 따른 구조적 상황 때문이기도 하였다. 일본과의 교역 증진이 대외 무역에서의 주요 정책과제로 대두됨에 따라 1950년 한일 통상협정과 재정협정이 체결되었다. 그 주요 내용으로는 외환이 부족한 상황하에서의 교역 증진을 위해 양국 정부는 연간 무역계획을 수립하고(통상협정 제1조 ㄱ항●), 무역대금은 일본은행과 한국은행 도쿄지점에 설치되는 한일 상호 청산계정을 통해 결제되는 방식을 취하는 것이었다(재정협정 제2조). 이때 무역계획의 성격을 "제한

통상협정 제1조 ㄱ항: 일년을 기간으로 하는 물품 및 역무의 구입 및 매각에 관한 모든 거래에 관한 무역계획을 채택함.

적이거나 구속적인 약속이 아닌 양국이 최고의 수준까지 발전하고자 하는 쌍방 희망의 결과"로 정의하였지만(통상협정 제1조 ㅁ항), 이후 한일 무역 불균형이 지속 및 심화됨에 따라 양국 간 무역적자 이슈는 통상갈등의 핵심 의제로 계속 등장하게 되었다. 주목할 것은 무역계획에 규정된 상품 무역을 1947년 GATT 원칙에 의해 운영되도록 규정함(통상협정 제1조 ㅈ항●)으로써 국제 무역 질서에 간접적으로 참여하기 시작하였다는 것이다. 그 외에 특기할 만한 것으로, 1952년 샌프란시스코 강화 조약 이전이었기 때문에 동 협정의 상대방은 일본 정부가 아닌 '연합군 점령하 일본'(Occupation of Japan)이었다는 것과 효력발생일이 체결일보다 앞섰다는 것 등을 들 수 있다. 일반적으로 통상협정은 당사국 대표들이 함께 만나 같은 날 서명을 한 이후에 각국의 비준 절차를 거쳐 효력이 발생함에 따라 양국의 체결일이 동일하고 체결일은 효력발생일에 앞서기 마련이다. 한일통상협정은 협정 제4조에 규정된 바와 같이 "효력 발생은 4월 1일"이지만 서명은 한국 측 김훈 상공부 장관은 6월 2일에, 점령하 일본 연합국최고사령부 대표 측 A. J. Rehe 소령은 6월 6일에 각각 서명하는 형식을 띠고 있었다. 그러나

통상협정 제1조 ㅈ항: 무역계획에 규정된 상품 무역은 서기 1947년 10월 30일 제네바에서 조인된 관세 및 무역에 관한 일반 협정의 수정된 원칙에 의하여 차(此)를 운영함.

이 협정은 발효 후 3개월도 안되어 발발한 한국전쟁으로 제대로 실행되지 못하였던 것으로 평가된다.

한국전쟁 이후 경제재건기 통상정책

1953년 7월 휴전 이후부터 1960년 4월까지 취해진 경제정책은 전시 비상 경제 체제를 평시 경제 체제로 회복시키고, 생산과 소비 등 경제활동 수준을 적어도 한국전쟁 이전 수준으로 복귀시키는 데 초점을 맞추어 수립되었다. 구체적으로 국내 물가안정, 긴급 물자와 생산 원자재의 원활한 도입, 수출의 확장, 국내 생산 육성을 위한 국내 생산 가능 품목과 불요불급 품목의 수출 금지 등을 수단으로 한 자립경제 체제 확립과 국제수지 균형 지향이 추진되었다. 이러한 전후 복구와 안정적 성장전략 추구의 기저에는 한국경제를 민간 주도하의 시장경제 체제로 정착시키고자 하는 미국 주도하의 UN 한국재건단의 노력이 있었고, 이러한 노력은 이른바 『네이산 보고서』(*Nathan Report*)에서 그 논리적 배경을 찾을 수 있다.

동 보고서에서는 한국경제 재건의 주요 목표를 자립달성으로 설정하고 한국경제의 당시 상황을 다음과 같이 진단하였다. 증가하는 생필품의 초과수요

네이산 보고서

네이산 보고서(Nathan Report)의 정식 명칭은 '한국 재건을 위한 경제계획'(An Economic Programme for Korean Reconstruction)이며, UN 한국재건단이 휴전회담 개시 이후 미국 경제컨설팅 기관인 네이산협회에 전후 한국경제 부흥계획을 용역 의뢰하여 휴전 이전인 1952년 12월 '예비보고'를, 휴전 직후인 1954년 2월에 '최종 보고'를 제출받았다. 재건 목표와 종합계획, 재건정책, 산업별·부문별 재건계획의 세 부분으로 구성되었으며, 한국경제와 관련한 최초의 중장기 종합 경제계획으로 평가된다.

를 충족시키기 위해서는 생산 능력을 증진시키는 한편, 무역 문제 해결에 필요한 제반 조치가 필요하지만 한국의 자원은 생산 필요 수준에 비해 제한적이고 이전의 판로가 상실된 상황임을 감안할 때, 기존에 일본이 개발해 놓은 한국 무역 모형을 수정할 필요가 있다. 이에 따라 수입을 최소화하고 생필품 수요를 충족시키도록 생산을 최대화하는 한편, 수입 대체와 수출 물자 생산을 통한 수지균형 달성이 자급자족 상태 도달의 최우선 지표가 되도록 제안하였다. 이를 위해서 한국이 필요로 하는 물자를 공급하고, 한국의 생산물 판로를 제공하는 무역망 건설이 필요함을 역설하였다. 나아가 당시 한국의 수출구조는 절반 이상이 식료품 수출이고 그중 미곡 수출이 대부분이지만,

농업 생산은 한계가 있고 인구 증가가 예상될 뿐 아니라 식료품 수출을 위해서는 동일한 양의 비료를 수입해야 하는 구조라는 점에서 식료품 이외 수출의 필요성을 지적하였다. 무역진흥을 위해 외국 주재 사무관 제도를 창설할 것과 정부가 무역에 관한 일체의 정보를 국내외에 제공할 것을 제안하였으며, 관세는 세입 증가 목적에만 주력하고 있으나 국내 산업 원료에는 관세를 부과하여서는 안된다고 조언하였다. 이러한 제언들은 이후 무역진흥 사무소 확대 개설, 관세법 개정 등을 통해 상당 부분 반영되었다. 통상 관계 측면에서는, 한국의 교역 상대는 일본을 포함한 아시아 국가들일 수밖에 없으며, 특히 수송비가 가장 적게 들고 극동에서 가장 공업화된 일본으로부터 물자 공급을 받는 동시에 수출시장으로서 일본과의 무역을 차별적으로 취급하는 것은 자기 이익에 반할 뿐임을 강조하였다. 한일 간 무역의 가장 큰 장애물은 정치적·심리적 대립이며, 이를 위한 해결책으로 무역에 대한 책무를 민간에 맡길 것을 제언하였다. 아울러, 장래에는 한국 물자의 판매와 구입에서 일본과 경쟁하게 될 것이며 공업의 다양화는 결국 일본에 대한 무역협상력을 증진시킬 것이라는 비전을 제시하기도 하였다. 나아가 한국이 통일되면 종래의 교역 필요성 일부를 북한이 담당할 수 있다거나, 정세 변화 시 중국과의 무역이 유리할 것으로 예견하는 등 장기적인 전망과 비전을 포함하기도 하였다.

이와 같은 수출경쟁력 증대를 통한 무역균형 달성이라는 정책 기저하에 구체적인 정책들이 정비되어 나갔는데, 수출장려금 보상금 교부(1955. 1), 수출장려금 보조금제도(1955. 12), 관세법 개정(1957. 1), 무역법 개정(1957. 12), 신시장 개척에 대한 수출독점권 부여(1960. 4) 등이 대표적인 조치들이다. 1957년에 이루어진 관세법 개정에서는 평균관세율을 26%에서 30.86%로 대폭 인상함으로써 정부 재정수입 확대를 꾀하면서도, 관세율을 원료, 반제품 및 완제품의 순서로 점차 높게 책정하는 이른바 경사관세(tariff escalation) 전략을 통해 가공조립산업 육성을 도모하였다. 즉, 중요 기간산업의 기초 시설재 관세는 저율로 인하하는 반면 국내 산업 보호를 위해 국내에서 생산되는 물품의 경우에는 관세율을 인상하였다. 정부는 또한 무역법 개정을 통해 군정 법령 및 상공부령 등으로 다기화되어 있던 무역 관련 법규를 통합·정비하였고, 무역위원회 및 수출조합 설치, 무역업자 등록, 무역계획 및 수출입 물품 기준가격 공고, 수출장려금 지급 등에 관한 내용들을 정비함으로써 수출 관련 정책 수행의 효율성 향상을 꾀하였다. 아울러, 1960년 4월 정부는 신시장을 개척한 수출업자에게 독점 수출권을 부여함으로써 시장개척 의욕을 고취시키고자 하였으며, 1953년 필리핀 마닐라, 캐나다 토론토를 시작으로 국제박람회 또는 해외 전시회에 국내 기업 파견 횟수를 꾸준히 늘려나갔다. 해외 전시회 참가 초기에는 국가 홍보에 치중하였으나, 1957년 이후에는 상품 판매에 더 큰 비중을 두는 쪽으로 선회하면서 수출로 이어지게 되었다.

한국전쟁 이후 통상협상 측면에서 가장 큰 전기는 1956년 11월에 체결되고 1957년에 발효된 한미 우호통상 및 항해조약, 즉 한미통상협정이다. 이 협정은 구한말 한미통상조약 이후 74년 만에 한미 간 우호 관계를 재확인한 것으로 평가되기도 하는데, 성안(成案)한 지 22개월간의 심의를 거쳐 당시 기준에서 방대한 규모인 전문, 본문 총 25개 조, 의정서 등으로 구성된 무역, 투자, 조세, 항해 등을 포함하는 포괄적 통상협정이었다.

전후 외국과의 통상협상은 동남아시아 우방들과

의 조약이 구상만 되었고 결실은 이루지 못하고 있었는데, 이는 한미통상협정 체결 이후 추진을 기다리고자 하는 정책적 고려가 있었기 때문이었다. 한미통상협정 체결 이후 필리핀, 중화민국, 월남 등과 잠정무역협정안 및 재정협정안이 1957년 1월 국무회의를 통과하면서 본격적인 외국과의 통상 관계 구축이 시작되었다. 이 중 한-필리핀 무역협정은 전문 7개 조, 부칙으로 구성되었으며, 1959년 12월 한국이 제시한 협정안에 1960년 9월 필리핀 측이 대체적으로 동의하여 1961년 발효하게 되었다. 양국 간 무역계획을 수립하여 연간 교역량을 400만 달러로 설정하는 한편, 1949년 체결된 GATT 수정 원칙을 채택하기로 하였다. 한-중화민국 무역협정은 1957년 2월 제안된 후 4년간 실무자 교섭을 거쳐 1961년 3월 발효되었는데, 내용과 형식 면에서 한-필리핀 무역협정과 유사하였다. 월남에 대해서는 1957년 2월 대한민국 정부가 한-월남 잠정무역협정 체결을 제안하였으나, 월남 정부는 우방국과 무역협정을 체결하는 대신 최저관세협정 체결을 원칙으로 한다는 내부 사정을 이유로 통상협정 대신 1958년 11월 관세협정을 체결하였다.

전후 경제재건기에 취해진 무역 조치들 중 가장

|표 1| **정부 수립 이후 1950년대 발효된 통상조약**

조약명	국가명	발효일
대한민국과 점령하 일본 간의 무역을 위한 재정협정	일본	1950. 4. 1
대한민국과 점령하 일본 간의 무역협정	일본	1950. 4. 1
대한민국과 미합중국 간의 우호·통상 및 항해조약	미국	1957. 11. 7
투자보장에 관한 협정을 형성하는 대한민국 정부와 아메리카합중국(미합중국) 정부 간의 교환각서	미국	1960. 2. 19
대한민국 정부와 필리핀공화국 정부 간의 무역협정	필리핀	1961. 2. 24
대한민국과 중화민국 간의 무역협정	대만	1961. 3. 3

자료: 국가법령정보센터.

특기할 만한 사항은 1955년 8월과 1959년 6월 등 2차에 걸쳐 취해진 대일 교역중단 조치이다. 1955년에 취해진 중단 조치는 대일 무역적자의 누증과 일본-중공 간 무역협정 체결(1955. 5)에 대한 대응 조치로서 동년 8월 18일 전면적 대일 무역단절 조치가 취해진 것이다. 이 조치는 정상적인 고시나 공고와 같은 사전 발표 없이 단행되어 신용장 수발, 통관사무, 선박의 입출항까지 모두 중단되어 큰 혼란이 발생하였다. 하지만 1995년 10월 14일 미완결 거래에 대한 경과 조치가 발표되고, 1956년 1월부터 주일 대표부의 사전승인제도에 의한 대일 무역이 용인되었다. 1959년에 취해진 중단 조치는 일본과 북한의 재일교포 북송 합의(1959. 2. 13)에 대한 보복 조치로서 취해졌던 것으로 1960년

4월에 재개되었다. 이러한 대일 무역 중단과 재개는 전후 일본의 경제회복에 대한 타격 위협용으로 취해진 것이나 대일 교역중단이 한국경제에 주는 현실적 부작용으로 인해 중단 조치는 1년 이상 지속시킬 수 없는 상황이었다.

다자 차원의 통상활동으로는, UN 경제사회이사회 직속 기관인 ECAFE(Economic Commission for Asia and the Far East, 아시아극동경제위원회)[•] 활동이 대표적이었다. 당시 UN 경제사회이사회(ECOSOC)에는 정회원이 아니었던 상황에서 제한적이나마 지역 차원 다자회의에서 정회원 활동을 시작하였으며, 국제 상품 무역위원회에도 정회원이 아닌 옵서버(observer) 자격으로 참여를 이어나갔다.

ECAFE: ECAFE는 1947년 3월 UN 경제사회이사회 결의로 아시아 역내 국가들의 경제재건과 협력 촉진을 목적으로 발족한 국제협력체이다.

2

자유 무역 질서 팽창기(1960~1970년대), 무역입국

1960년대

1970년대

1960년대

1960년대 국제 무역 질서는 미국 중심의 자유주의 진영과 소련 중심의 공산주의 진영으로 분리되면서 자유 진영 내에서는 자유 무역과 국가 간 무차별 원칙을 중심으로 한 다자 간 관세 인하 협상이 추진되고 있었다. 무역 자유화는 주로 선진국 중심으로 전개되었으며, 개발도상국에 대하여는 예외적인 우대 조치를 취하여 자유 무역 질서로의 편입을 확대해 나가는 방향으로 전개되고 있었다. 이러한 대외적 환경하에서, 자원이 부족한 한국은 외국으로부터 자원을 수입하고 국내에서 가공하여 제품을 수출함으로써 경제 자립을 이룰 수 있다는 이른바 무역입국(貿易立國)론에 따른 여러 정책들을 추진하였다.

통상정책 인식 변화와 통상협정 본격화

1960년 4.19 이후 통상정책은 뚜렷한 변화 없이 종전의 소극적 정책을 답습하였던 것으로 평가되기도 하지만, 1961년 5.16 이전 기간 동안 미국과 일본 외에 양자 간 무역협정 체결을 위한 본격적인 노력들이 시작되었다는 것은 큰 의미가 있다. 앞서 언급한 동남아시아 국가 중 자유 우방국으로 분류되는 필리핀, 자유중국 등과 무역협정이 발효되었으며, 태국, 월남, 말레이시아 등뿐 아니라 유럽 선진국인 이탈리아와의 교섭도 시도되었다. 하지만 통상정책의 보다 근본적인 변화는 1962년 개헌을 기점으로 뚜렷이 나타났다. 1962년 개정된 헌법의 대외 무역 관련 조항인 제116조•는 무역통상정책이 종전의 전반적 국가 통제 중심에서 국가의 육성 및 조정 권한 중심으로 전환한 것으로 현재까지 동일한 문구로 이어져 내려오고 있다.

헌법 제116조: 국가는 대외 무역을 육성하며 이를 규제·조정할 수 있다.

당시 대외 통상 환경에 대한 무역업계 인식은 선진국 간 무역은 수출 능력이나 기술 면에서 최고치에 달하였고, 이에 따라 수출 증진을 위해서는 국내적인 무역 및 외환 정책보다 국제적 통상정책이 더 중요한 우위를 점하게 될 것이란 것이었다. 이에 한국도 기술이 점차 향상되고 수출 능력이 증대됨에 따라, 통상진흥을 위한 국제적 경제협력 관계가 무역 증진을 위한 주요 정책으로 활용되어야 한다는 인식이 대두되기 시작하였다. 아울러, 1960년대 초반 1차 산품 수출의 절반 이상이 일본에 치중되어 있고, 2차 산품도 월남에 대한 철강제품 수출을 제외하고는 합판, 의류 등의 주요 수출 품목들은 미국 시장에 집중되어 소수

지역의 높은 교역의존도에 대한 우려의 목소리가 커져갔다.

1960년대 수립된 무역협정 체결의 기본 방침과 체결 추진 방침은 크게 3단계로 분류된다. 첫째, 현재나 장차 경제통상에 연관되어 문제점이 있거나 이해득실이 비교적 명확한 문제가 있는 국가와의 체결, 둘째 체결 이유가 비교적 막연하나 군사·정치·외교 관계로 보아 우호 관계에 있다는 점을 고려하고 체결로 구체적인 통상진흥을 유인할 수 있을 것으로 생각되는 국가와의 협정 체결, 셋째 중립 국가로서 이미 북한과 무역협정을 체결하였거나 체결 가능성이 있는 국가에 대해 소극적 의미로서 한국의 불이익을 방지하기 위한 목적으로 고려 대상이 되는 국가와 체결하자는 것이었다. 나아가 1960년대 중반 이후부터는 단순한 통상지역 확장주의에서 한 걸음 더 나아가 당해 지역과의 통상량 확대를 도모하고자 하는 방향으로 나아갔다. 이러한 배경에는 이전 주력 수출품인 1차 산품은 상품적 특수성과 수요의 지역적 제한성으로 별다른 통상외교의 진전이나 노력 없이도 수출이 가능하지만, 2차 산품 수출은 국제 경쟁과 외교적 측면에서의 효율적 보완하에서만 새로운 증가가 가능하다는 판단이 자리잡고 있었다. 즉, 수출 증가는 국내 생산 능력이나 생산성 문제를 넘어 해외 시장이 어느 정도로 개척 및 확보되느냐에 직결된다는 인식하에 통상정책에 대한 중요성이 강화되기 시작하였다. 이에 이전까지와는 비교할 수 없을 정도로 많은 수의 양자 간 통상협정들이 교섭 및 체결되어 나가기 시작하였다. 표 2는 1960년 발효된 통상조약 중 무역협정으로 분류된 것들을 정리한 것이다.

1960년대 체결된 양자 간 무역협정 중에서 한-말라야 무역협정은 내용 및 형식 모두 단순한 무역협정을 넘는 우호통상항해조약 수준에서 규정되는 사항을 포함한 것으로 평가된다. 말라야 연방은 현재 말레이시아와 싱가포르로 구성된 연방 국가였는데, 동남아시아 국가 중에서도 가장 친서방적이라는 외교적 특수성뿐 아니라 동남아시아 물류 중심지라는 경제적 특수성이 동시에 감안된 조치였다. 1963년부터는 동남아시아 국가를 넘어 유럽과 남미 지역까지 통상협상 대상이 확대되었다. 브라질과의 무역협정에서는 관세뿐 아니라 수출입 허가, 환율, 기타 외환 관련 조치 등에서도 최혜국 대우 원칙을 확대하는 조항을 포함하였다. 다만, 현재 참가하고 있거나 앞으로 참가

|표 2| **1960년대 발효된 통상조약**

조약명	국가명	발효일
대한민국 정부와 태왕국 정부 간의 무역협정	태국	1961. 9. 15
대한민국 정부와 월남공화국 정부 간의 무역협정	베트남	1962. 12. 19
대한민국과 말라야 연방 간의 무역협정	말레이시아	1962. 12. 31
대한민국 정부와 브라질합중국 정부 간의 무역에 관한 각서 교환	브라질	1963. 5. 21
대한민국과 캄보디아왕국 간의 무역 및 지불협정	캄보디아	1964. 12. 8
대한민국 정부와 인도 정부 간의 무역에 관한 각서 교환	인도	1964. 4. 29
대한민국 정부와 버어마 연방 정부 간의 무역협정	미얀마(버마)	1964. 6. 17
대한민국 정부와 이탈리아공화국 정부 간의 무역협정	이탈리아	1965. 3. 9
대한민국 정부와 독일연방공화국 정부 간의 무역협정	독일	1965. 4. 9
대한민국 정부와 오스트레일리아 연방 정부 간의 무역협정	호주	1965. 9. 21
대한민국과 캐나다 간의 무역협정	캐나다	1966. 12. 20
대한민국과 일본국 간의 무역협정	일본	1966. 3. 24
대한민국 정부와 뉴질랜드 정부 간의 무역협정	뉴질랜드	1967. 1. 31
대한민국 정부와 스웨덴 정부 간의 무역 관계에 관한 의정서	스웨덴	1967. 4. 13
대한민국 정부와 버마 정부 간의 무역협정	버마	1967. 9. 30
대한민국 정부와 파키스탄회교공화국 정부 간의 무역협정	파키스탄	1968. 10. 21
대한민국 정부와 니제르 정부 간의 무역협정	니제르	1969. 12. 17
대한민국 정부와 멕시코 정부 간의 무역협정	멕시코	1969. 3. 17

자료: 국가법령정보센터.

하게 될 무역협정으로 부여될 특별대우는 예외로 규정하였다. 또한 이탈리아, 호주, 독일 등과 무역협정 체결, 프랑스와는 관세협정 등을 통해 통상협정 대상을 선진국들로 확대해 나갔다. 일본과는 1950년 무역협정 체결 후 15년간 공식적 회담이 없었으나 1965년 3월과 12월 두 차례 무역회담을 갖기 시작하였다. 다

|그림 2| **한국 수출입 변화 추이(1956~1980)**

(단위: 백만 달러)

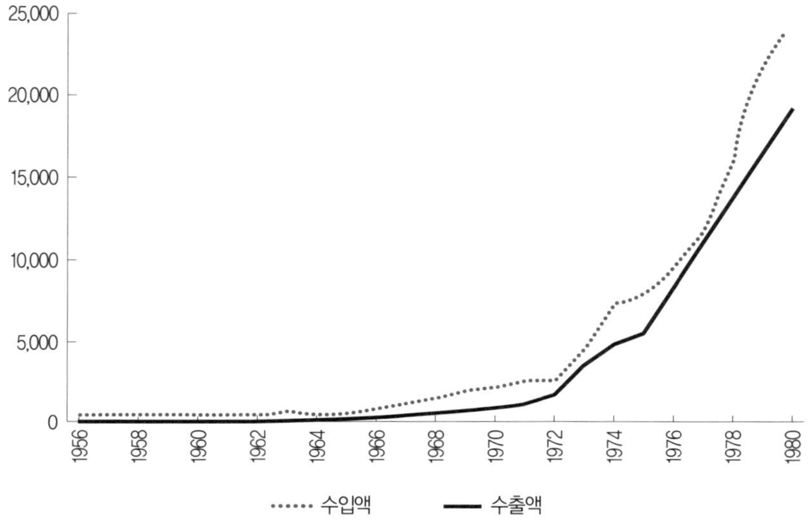

자료: 무역협회(관세청 통계).

만, 실질적 합의는 없이 청산계정에 의한 무역 거래의 종료만을 합의하는 데 그쳤고, 이후 1966년 2월 일본과 6개 조의 무역협정을 새로이 체결함으로써 1950년 점령군하 일본과 체결된 구 무역협정은 자동 폐지되었다.

적극적인 통상정책에 힘입어 한국의 무역 규모는 눈에 띄게 확대되었다. 통관 기준 상품 무역 규모 면에서 1956년 4.1억 달러(수출 0.25억 달러, 수입 3.8억 달러)

에 불과하던 것이, 10년 후인 1966년에는 2배 이상인 약 9.6억 달러, 10년이 채 안된 1974년에는 100억 달러를 돌파한 113억 달러로 비약적인 성장을 보였다. 다만, 이러한 무역성장은 수출보다는 수입 규모가 더 크고 그 증가 속도도 더 빠른 만성적인 무역수지 적자 구조를 동반한 것이었다.

GATT 가입과 국제 통상 체제로의 편입

양자 간 통상협정 체결 외에도 다자 간 국제협력체에 참여를 통해 경제협력 관계의 확대도 본격화되기 시작하였는데, 콜롬보 플랜(The Colombo Plan)•과 GATT 참여가 대표적이다. 영국 주도의 콜롬보 플랜은 아시아 지역의 경제발전을 도모하고 공산주의 확대 방지를 목적으로 설립된 정부 간 기구로 한국은 1962년 가입 신청 후 1963년 정식 회원국이 되었다. 1961년 5.16으로 들어선 군사 정부가 대외적으로 반공정책과 경제개발정책을 표명하면서 유사한 목적을 가진 아시아 국가들과의 정치·경제적 협력 관계를 강화하고자 하는 목표와 부합된 데에서 가입 배경을 찾을 수 있다.

콜롬보 플랜: 콜롬보 플랜은 유럽경제 부흥계획인 마셜 플랜(Marshall Plan)을 모방하여 영연방 국가 주도로 1950년 5월 아시아 지역 경제발전 도모와 공산주의 확대 방지를 목적으로 발족한 정부 간 기구(Inter-governenmental organization)이다. 정식 명칭은 'The Colombo Plan for Cooperative Economic and Social Development in Asia and the Pacific'(아태 경제사회개발 콜롬보 계획)이다.

국제 통상규범인 GATT에 대한 참여 노력은 1950

년부터 시작되었지만 한국전쟁으로 철회되었다가 이 시기 다시 본격적으로 추진되었다. 1962년 제5차 다자 통상협상이자 GATT 제4차 개정 협상인 딜론(Dillon) 라운드를 통해 옵서버(observer) 자격이 취득됨으로써 정식 회원국 가입을 위한 단초를 마련한 데 이어, 1966년 5월 정식 가입신청을 하게 되었다. 이를 위해 GATT에 부합하게 무역정책 자유화와 여러 무역제한 조치 철폐를 위한 국내 제도 정비 노력이 이루어졌다. 다자 무역협정에 대한 참여 배경은 일부 국가들을 제외한 양자 무역협정 체결국과의 교역이 체결 이후 오히려 감소하고 있다는 양자협정 접근의 한계 그리고 통상 후발주자로서 다자협정이 주는 효율성에 대한 기대 등이 작용한 것으로 볼 수 있다. 보다 구체적으로, 복잡한 양국 간 무역협정들을 일일이 체결할 필요 없이 71개 가입국 전부와 무역 및 관세협정을 체결하는 결과와 이익을 가져온다는 점, 개발도상국으로서 경제 대국과의 양자 간 교섭의 어려움을 극복하는 데 용이하다는 점, 그리고 설립 초기와 달리 선진국 위주에서 후진국의 신규 가입이 증가 추세에 있다는 점 등에 대한 고려 때문이었다.

1966년 12월 GATT 이사회에서 가입 문제 검토 보고 작업회의의 보고서가 승인됨으로써 1단계 가입절차가 종료되었고, 1967년 1월부터 69개 체약국으로부터 투표가 진행되어 가입에 필요한 46개국 이상의 찬성표를 받아 가입이 확정됨에 따라 1967년 4월 14일 71번째 가맹국이 되었다. 한국은 GATT 가맹과 동시에 제6차 다자 협상인 케네디 라운드(Kennedy Round)에 참여하게 되었는데, 선진국이 제시한 관세 인하 품목 및 예외 품목들이 자본집약적 2차 산품과 한국에서 거의 생산되지 않는 농산물들이어서 당시 한국에게는 큰 혜택이 있지는 않은 것으로 판단되었다. 다만, 종전과 달리 양국 간 개별적 품목별 교섭방식에서 다자간 일괄 관세 인하 교섭방식으로 전환되어 다자 통상협상에 대한 새로운 적응 필요성을 자각하는 계기가 되었고, 자유화 추세를 감안할 때 다자 무역 자유화의 효과 극대화를 위해서는 수출구조의 과감한 전환 필요성을 인식하는 전기가 되었다.

한편, 1960년대 중반 이후부터 한국의 수출은 수입국의 수입제한 조치 대상이 될 정도로 성장하면서 이에 따른 통상갈등 해소를 위한 통상역량의 발휘 및 향상이 요구되기 시작하였다. 구체적으로, 주요 수출품목이었던 면직물 산업과 같은 분야별 통상협정 참여로 발현되기 시작하였다. 미국이 1963년 한국으로부터의 면직물 수입 급증 우려로 수입제한 조치를 취하면서 유사한 통상갈등에 대한 근원적인 해결을 위해, 1965년 1월 미국과 면직물 수출입에 대한 쌍무협정(한미 면직물 교역에 관한 각서 교환)을 체결하는 한편, 1964년 12월에는 다자협정인 국제장기면직물협정에 참가하였다. 분야별 다자 통상협정 참여는 수입국의 일방적인 부당한 처사를 배제하고, 쿼터 수량 증가, 참가국 간 분쟁 시 위원회 제소를 통한 법적 지위 향상 등을 기대한 것이었다. 분야별 양자 간 협정은 주요 수출 대상국뿐 아니라 양국 간 교역이 사실상 전무하였던 노르웨이와 같은 국가와도 체결(1968)되었는데, 이는 한국의 GATT 가입 이후 한국 상품의 노르웨이에 대한 수출이 예상됨에 따라 노르웨이 정부가 선제적으로 요청하여 양국 제네바 주재 대사 간 양해각서 형식으로 체결된 것이었다. 불과 10년 전에 외국과 최초로 통상협정을 체결한 것을 상기할 때, 한국의 통상 범위와 방식이 얼마나 빠르게 확장되고 향상되었는지를 보여 주는 단적인 예라 할 것이다.

1970년대

보호무역주의의 대두와 통상 관계 유연화

1970년대는 세계적으로 이례적 호황이 계속되면서 인플레이션이 만연되어 있었고, 여기에 석유파동이 결합됨에 따라 고물가-경기후퇴 현상인 이른바 스태그플레이션(stagflation) 현상이 지속되던 시기였다. 이는 통상 환경 측면에서 선진국들의 보호주의 성향의 확산으로 나타났다. 특히, 한국은 1971년 12월 스미소니언 체제● 성립으로 국제 통화 불안 상황이 재연됨에 따라 미국의 보호무역주의적 반응을 직접적으로 마주하게 되면서 통상갈등에 대한 일상적 관리가 통상정책의 주요 과제로 자리잡기 시작하였다.

스미소니언 협정: 스미소니언 협정(Smithsonian agreements)은 1971년 8월 15일 미국의 금태환 정지 선언으로 브레튼우즈 체제가 붕괴한 이후, 1971년 12월 미국 달러의 평가절하 및 독일 마르크화, 일본 엔화 등의 미 달러화에 대한 평가절상 협의를 통한 브레튼우즈 체제 지속을 위한 협정으로, 이후의 체제를 스미소니언 체제라 부른다.

1969년 말부터 미국은 면직물 수입제한정책을 추진하게 되었고, 이에 따라 한국은 대미 면직물 수출자율규제 정책을 시행하게 되었다. 보다 궁극적 해결책을 모색하기 위해 쌍방협정 체결을 추진하기도 하였지만 교섭이 난항에 부딪혔고 1970년 들어 미국의 정책은 행정 조치를 넘어 의회를 통한 입법 조치를 추진하는 수준에 이르게 되었다. 당시 한국은 일본, 대만, 홍콩 등과 기본적으로 유사한 입장이었으나, 한국의

수출자율규제

수출자율규제(Voluntary Export Restrictions: VERs)는 수출 상대국으로부터 예상되는 수입규제를 피하기 위해 수출국이 자율적으로 수출 물량을 일정 수준 이하로 억제하는 정책으로, 사실상 수입 쿼터(quota)의 일종이다. 통상 수출입 당사국의 업계나 정부 간 자율적인 협정의 형식으로 실시되어 양자 간 통상갈등을 해소하는 수단으로 자주 활용되었다. 관련 규정 부재로 GATT 규범 적용이 배제되어 세이프가드 조치를 회피하는 수단으로 남용되는 이른바 회색 조치(grey area measures)로 남아 있었으나, WTO 체제 성립 이후 철폐하거나 WTO 세이프가드 협정에 일치시키도록 되었다.

수출에서 면직산업 비중이 다른 국가들에 비해 월등히 높아 그 심각성은 더욱 심하였다. 결국 1971년 12월 한미 면직물 교역에 관한 협정 체결로 이전까지의 각서 교환 수준보다 구체화된 통상규범 마련으로 일단락되었지만, 이는 이후 반복되는 통상갈등의 발전과 해소라는 일련의 과정을 익혀 가는 시작이었다.

일본과의 통상갈등은 양국 간 고질적인 무역수지 불균형, 즉 일본에 대한 수출에 비해 과도한 일본으로부터의 수입이 주요 이슈였다. 한국은 각료급 회의를 통해 1차 산품에 일본의 수입제한 철폐 및 2차 산품에 대한 수입관세 인하 등을 반복적으로 요구하였으나 일본 정부의 무성의로 해결책이 모색되지 못한다고 인식되었다. 이러한 밀접하지만 불편한 양국 관계는 일

무역거래법(법률 제2266호, 1970. 12. 31 일부 개정)

제2조(수출과 수입의 금지) ① 다음 각호의 1에 해당하는 수출과 수입은 이를 금지한다. 다만, 법률로서 정하는 자가 수출 또는 수입하는 경우는 그러하지 아니하다.

1. 공산 지역으로의 수출과 그 지역으로부터의 수입
2. 공산 지역에서 소비할 것을 목적으로 하는 물품의 수출
3. 공산 지역에서 생산된 물품의 수입

② 전항 단서의 경우 그 업무 수행상 정당하다고 인정되는 범위 내에서 하는 행위는 반공법 및 국가보안법의 적용을 받지 아니한다.

본에 편중된 자본도입선을 유럽으로 전환해야 한다는 인식으로 발전하였고, 자본협력 다변화, 자본도입원 다변화 정책 등을 추진하는 배경이 되기도 하였다.

1970년대 초반 미국과 중공 간 관계 완화로 인해 중공의 UN 가입(1971), 일본-중공 간 국교 수립(1972) 등 진영 간 화해 무드가 조성됨에 따라 통상외교 활동의 다변화를 통해 시장의 편중성을 극복하고자 하는 노력으로 이어졌다. 즉, 당시 적성국으로 분류되었던 북한, 중공, 월맹, 쿠바 등을 제외한 비(非)적성 공산국과의 무역 거래 구체화 조치가 시행되었다. 구체적으로 1970년 12월 무역거래법 제2조 제1항 단서조항 개정을 통해 법률로 정하는 자가 공산권 무역을 담당할 수 있게 되었으며, 무역진흥공사가 이를 전담하게

하였다.

1972년에는 동구권 인접 국가들인 오스트리아, 네팔 등과 무역협정을 정식으로 체결하는 한편, 기체결국들과의 수출 품목 확대 및 관세 인하를 지속적으로 확대해 나갔다. 아울러, 오일 쇼크 이후 강화된 자원민족주의 대응 차원에서 자원의 장기 안정적 확보를 위해 아프리카, 중남미, 동남아시아 지역에 고위 사절단을 파견하고 친아랍 노선을 표방하며 대중동 외교를 강화해 나가는 자원외교를 전개하였다. 당시 새로이 체결한 무역협정들의 목록은 [부록]에서 확인할 수 있다.

개발도상국 연대 및 민간 협력 확대

선진국들의 보호주의적 태도와 확대된 EEC(European Economic Community, 유럽경제공동체) 및 EEC-EFTA(European Free Trade Association, 유럽자유무역연합)• 자유무역지대 결성을 통한 유럽 지역의 블록 경제 체제 강화 움직임에 대응하기 위해 개발도상국들 간 경제협력이 긴밀해지기 시작하였다. 이에 발맞추어 한국도 개발도상국 중심의 다자 간 통상외교 활동을 적극적으로 전개해 나갔다.

대표적으로 GATT 가맹 개발도상국 간 무역 확

EFTA: EFTA는 1960년 유럽 내 경제협력 및 자유 무역 증진을 위해 성립된 비EEC 서유럽 국가들 간 협의체로 초기에 노르웨이, 포르투갈, 스위스 등 외에 영국, 덴마크 등이 포함되었으나 1972년 덴마크와 영국이 EEC 가입으로 탈퇴하면서, 나머지 EFTA 국가들과 EEC 간 1970년대 양자 자유무역협정을 통해 유럽 역내 경제협력을 이루었다. 현재 노르웨이, 스위스, 아이슬란드, 리히텐슈타인 4개국으로 구성되어 있으며, 2005년 한국과 자유무역협정을 체결한 바 있다.

대를 위해 인도, 브라질, 유고 등 16개국 간 1971년 12월에 체결된 「개발도상국 간의 무역협상에 관한 의정서」(Protocol Relating to Trade Negotiations among Developing Countries)를 1973년 채택하였다. 동 의정서는 가맹국 간 관세양허 품목을 채택하고 해당 품목에 대해 평균 20~30% 관세를 인하하는 것을 주요 내용으로 한 것으로, 한국의 경우 수출 유망 품목인 시멘트, 합판, 타이어 등이 포함되어 의정서 채택에 따른 실익을 기대하였다. 1976년 7월에는 ESCAP(the Economic and Social Commission for Asia and the Pacific, 아시아·태평양 경제사회위원회)• 개발도상국 간 158개 품목에 대해 관세율을 평균 33.5% 인하에 합의하는 방콕 협정 체결에 주도적으로 참여하였고, GATT 동경 라운드에서는 총회 및 면직류교역협상위원회에서 개발도상국 77그룹에서 활약하는 등, 개발도상국 간 통상협력 과정에서 능동적인 역할을 점차 확대해 가면서 선진 개발도상국으로서 국제적 지위를 향상시켜 나갔다.

ESCAP: ESCAP는 1947년 3월 유엔경제사회이사회(ECOSOC) 결의로 창립된 ECOSOC 직속 5개 지역경제위원회 중 하나로 아시아·태평양 지역의 경제재건과 개발, 역내 국가 간 또는 역외국과의 경제적 관계 강화를 목적으로 하는 국제 협의체이다. 1974년 기존 명칭(ECAFE)을 변경하면서 분야 면에서 경제뿐 아니라 사회 분야를 포함하는 한편, 지역 면에서도 아시아·극동에서 아시아·태평양으로 그 범위를 확대하였다.

국내적으로는 1973년을 '1980년대 100억 달러 수출을 위한 기반조성의 해'로 목표를 설정하였으나, 이보다 앞선 1977년에 100억 달러 수출을 초과 달성하게 되었다. 이에 따라 제4차 경제개발 5개년 계획

(1977~1981)에서는 보다 의욕적으로 산업구조의 고도화 및 수출 확대, 이를 통한 자립경제 체제 확립을 목표로 삼게 되었다. 수출상품 구조가 점차 고도화되고 무역량이 커질수록 외교적 기술보다는 각 분야 전문 지식을 토대로 전략적 대응이 더욱 절실하였다. 이는 통상정책의 기본 방향을 정부 일변도가 아닌 정부와 민간의 합작으로 추진되어야 한다는 인식으로 이어지게 되면서 민간 베이스의 경제협력기구 설립 추진으로 나타났다. 이러한 배경에 따라 1970년대에는 한-캐나다 실업인협회(1972), 한-미 경제협의회(1973), 한-스페인 경제협력위원회(1973), 한독경제협력위원회(1976) 등이 결성되었다.

3

경쟁과 견제의 시기(1980~1990년대),
중견 통상 국가로의 성장

1980년대

1990년대

1980년대

중진국 규제론 대응

1980년대는 한국이 신흥공업국으로 발돋움하면서 선진국과 개발도상국 양쪽으로부터의 경쟁과 견제 구도가 형성되던 시기였다. 선후진국을 막론하고 수출 드라이브 정책이 추진되었고, 선진국들은 신흥공업국에 대한 선별 규제 움직임이 등장하였으며, 중공, 아세안 등 후발 개발도상국의 추격이 본격화되는 등 또 다른 차원의 통상적 돌파구가 요구되던 시기였다. 1980년대 후반 들어 미 달러화 약세와 일본 엔화 강세 현상의 지속, 원유가격 하락, 선진국의 경기부양책으로 인한 국제 금리 인하 등은 한국의 수출 증진에 유리한 환경을 조성하기도 하였지만, 미국 경상수지 적자 확대에 따른 각종 수입규제 입법과 제소 증가를 통한 보호무역주의가 강화되기도 하였다. 한국이 세계 주요 무역국으로 성장하면서 이른바 중진국 규제론에 따라 전통적인 관세 인하 및 비관세 장벽 철폐 요구뿐 아니라, 선진국으로부터 GSP(Generalized System of Preference, 일반특혜관세제도) 수혜 감축, 영화를 포함한 서비스 부문에 대한 시장개방 요구 확대, 지적재산

GSP(일반특혜관세제도)

일반특혜관세제도(Generalized System of Preference:GSP)는 선진국이 개발도상국의 수출 확대와 공업화 촉진 등을 목적으로 특정 수출품에 대해 일방적으로 관세를 면제해 주거나 낮은 관세를 적용하는 지원제도이다. 1970년 UNCTAD 무역개발위원회에서 합의되어 1971년부터 선진국의 공여가 시작되었다. 한국은 1988년 EU, 1989년 미국, 2000년 일본으로부터 GSP 수혜국을 완전히 졸업하였고, 정치적 의미로 존속되어 오던 러시아로부터의 GSP 혜택 부여도 2021년 이후 중단되었다.

권 보호 요구 등이 이어지기 시작하였다.

이러한 통상 환경 변화에 따라 통상정책의 방향도 이전과 달라졌다. 이러한 변화는 크게, 종합적 수단에 의한 대외 교섭 및 수출 증대, 통상활동의 효율성 제고, 특성 있는 통상활동의 전개 및 전략시장 진출 지원 등으로 구분할 수 있다.

먼저 종합적 수단에 의한 대외 교섭 측면에서, 국내 기업들이 수입규제 조치로 애로를 겪고 있는 미국, EC(European Communities, 유럽공동체)●, 일본 등 선진시장에 대해서는 각종 정부회의(통상장관 회담, 무역실무 및 쿼터 회담 등)를 통한 교섭, 국제경제기구(GATT, UNCTAD●, ESCAP)를 통한 개발도상국 간 공동 노력 모색, 선진국 내 소비자 단체 및 제조업자 단체 등 민

EC: EC는 1957년 로마조약을 통해 결성된 서유럽 국가 간 공동체였으며 당시에는 유럽경제공동체(EEC)라는 명칭이었다. 1967년 유럽석탄철강공동체(ECSC) 및 유럽원자력공동체(EURATOM)와 함께 운영되면서, 이들을 묶어 유럽공동체로 불렸다. 이후 유럽연합(European Union)으로 발전하는 핵심체가 되었다.

UNCTAD: UNCTAD(United Nations Conference on Trade and Development, 유엔무역개발회의)는 개발도상국의 경제개발 촉진을 목적을 하는 유엔의 정부간 협의체이다.

|표 3| 1985년 기준 선진국의 대한(對韓) 신규 제소 건수

(단위: 건수)

국별	건수	품목명
미국	10	비고무화, 설탕함유 조제식품, 앨범, 송전철주, 석유시추장비, 용접철망, 주물제품, 판이음쇠, 전기면도기
캐나다	3	철조망, C-TV, 유정용 강관
EC	1	알루미늄 접합용품
호주	5	스테아린산, 냉연강판 및 아연도강판, 대구경강관, 부틸알코올
합계	19	

자료: 한국무역협회, 『무역연감』, 1986.

간 차원 교섭을 강화하는 한편, 현지 유력 변호사를 활용하는 방식을 취하기 시작하였다. 아울러, 종래 집중호우식 수출을 지양하고 규제 움직임이 있는 품목에 대한 사전정보를 신속하게 입수해 자율규제를 통한 규제의 사전방지 등 질서 있는 수출을 유도하고자 하였다. 보다 근본적으로는 고가품 및 비규제 품목을 개발하고 수출시장을 다변화하는 한편, 규제 실시 국가와의 수출입 균형적 확대를 통한 규제 자체에 대한 회피 환경 조성을 모색하기도 하였다.

종합 수단에 의한 수출 증대 측면에서는, 대형 구매 및 투자 사업 발주(원전, 지하철 시설 등) 시 수출과 연계를 추진하는 한편, 대외 경제협력 조정기구를 설치하고 국제 무역 전문변호사 활용을 확대해 나가기

|표 4| **상공부 마련 통상외교 활동 계획 및 실시 현황**

(단위: 건수)

구분	1980년 실적	1980년 계획	1981년 실적	1981년 계획
통상장관 회담	20	23	14	25
정기 각료 회담	1	3	1	2
무역실무 및 쿼터 회담	22	34	10	21
국제기구회의 참석	12	18	8	15
통상사절단 파견 및 유치	19	25	14	
세일즈맨단 파견	43	31	15	
해외 전시사업	66	65	32	65
박람회	38	38	17	
전시회	28	27	15	
민간 경제협력위원회				34
무역사절단 파견				31

자료: 한국무역협회, 『무역연감』, 1981, 1982.

시작하였다. 아울러, 산업협력에 의한 통상 증대를 위해 현지 합작투자 형태로 자원의 공동개발을 추진하고, 개발도상국의 경제개발계획에 대한 분석을 기반으로 무역, 자본, 기술, 건설 등의 분야에서 경제개발계획에 참여하는 방식 등이 도입되었다.

통상활동의 효율성 제고 차원에서는, 통상 조직망 개편 및 조직망 간 연계화를 도모하였다. 가령, 무역진흥공사 조직망의 경우, 시장정보 기능을 강화하는 한편 복수 무역관들을 조정하고 통상 유관기관의 합동근무제를 도입하였다. 구체적으로, 시장개척 부진 지역 및 시장잠재력이 큰 국가 중심으로 코트라 해외 조직망을 재편하였고, 세일즈맨 파견, 해외 전시사업 활동을 강화하였다. 다른 한편, 민간 차원의 대응 능력 향상을 통한 보호주의 대응을 위해 상대국 제조업자와 협조 체제를 통한 수출을 유도하는 한편, 해외 교포 실업인 조직의 활용을 높여 갔다. 통상교섭은 주로 수입규제 대응 위주로 전개되었는데, 기본적으로 수입규제 정보 전산화, 수출 동향 감시 체제 운용 등을 통한 사전대응 체제를 강화해 나갔고, 관민합동 수입규제 대책위원회와 관민합동 통상교섭대책회의 등 관민공동대응 체제를 구성하는 한편, 민간의 자율적 공동대응을 위한 민간 통상교섭협의회를 구성하여 업종별 대책회의, 협상 참가, 질의응답 순환이라는 일련의 민관협력 통상 거너번스 체계를 마련하였다.

특성 있는 통상활동 전개 측면에서는, 지역별 맞춤형 통상대책을 수립하고자 하는 접근이 시도되었다. 즉, 선진국에 대해서는 각종 무역장벽의 완화 교섭을 능동적으로 추진하고 수출입의 균형된 통상 증대를 도모하고, 중진국과는 상호 비교우위 원칙을 최대한 활용해 공동이익을 위한 협력 체제를 구축하는 한편, 후진국과는 상호보완적 협력 관계 유지를 위한 통상, 자본, 기술협력 등을 종합적으로 추진하는 방식이었다. 아울러, 1980년대 후반 특수 지역으로 분류된 공산국들이 새로운 수출시장으로 부상하면서 간접교역 형태에서 직접교역 중심으로 변경을 꾀하였다. 기본적으로 경제 자유화 추세를 활용하는 전략을 취하면서, 미수교 상태에서 정부 대신 교섭을 수행할 수 있도록 국제민간경제협의회(IPECK)를 발족(1988. 10)시키는 한편, 1987년 12월 헝가리 부다페스트에 최초의 코트라 무역관 개설을 시작으로 1989년 4월에는 소련 모스크바와 불가리아 소피아로 그 범위가 확대되었다. 이러한 지역별 맞춤형 전략 접근은 이후 정부의 통상전략에서 자주 활용되는 방식 중 하나가 되었다.

변화된 무역장벽 대응

GATT 체제가 선진국들의 보호무역주의 정책 강화로 인해 약화되면서 경제권별 블럭화 경향이 심화되는 한편, 전통적 관세-비관세 장벽 이외에도 행정 조치나 기술규제가 심해지기 시작하였다. 가령, 쿼터 물량 교섭에 있어 전년 수준 동결 내지는 삭감을 강요당하는 사례가 늘어나기 시작하였고, 수입규제 성격의 반덤핑관세 혹은 상계관세의 부과 및 제소가 잇달아 발생하였다. 이에 더해, 공업규격의 엄격화와 검사 기준이 강화되기도 하였다. 이에 주요 교역 상대국과의 통상 현안 협의 및 양국 간 협력 방안 강구를 목적으로 정기 및 비정기적인 통상장관 회의 횟수가 눈에 띄게 증가하였다. 가령, 1986년 한 해에만 국내 14회, 해외 11회, 총 25회의 통상장관 회의를 가졌으며, 무역 실무 회담 22회, 쿼터 회담 15회 등 통상협상 수요가 지속적으로 증가하였다.

선진국들의 자국산업 보호 노력은 비단 상품에 대한 각종 수입규제 도입뿐 아니라 GSP 수혜 제한, 기술이전 제한 등으로 확산되었다. 가령, 미국에서는 섬유류에 대해서는 GSP 공여를 중단하였고, EC에서도 개발도상국 중 GSP 수혜 폭을 한국에 대해 가장 엄격하게 제한하여 다른 개발도상국들에 비해 수혜 제한이 많아졌다. 선진국의 수입규제 압력은 과거 섬유, 잡화 등 경공업 제품부터 해양구조물 등 대형 플랜트까지 대상 상품이 확대되었던 반면, 개발도상국으로부터는 정책 수입 및 대응 무역 요구가 증대하고 전대차액 및 원조 요청이 요구되는 형국이었다. 이에 대한 통상전략적 대응으로, 한국을 모범적 선발 개발도상국으로 포지셔닝(positioning)하여 개발도상국 간

EDCF(대외협력기금)

대외협력기금(Economic Development Cooperation Fund: EDCF)은 개발도상국의 산업 개발 및 경제안정을 지원하고 한국과의 경제교류를 증진하는 등의 대외 경제협력 촉진을 목적으로 하는 정책기금으로, 1986년 12월 26일 해당 법이 제정 및 공포되어 1987년 7월 1일 최초로 150억 원을 출연함으로써 설치되었다. 주로 개발도상국의 도로, 항만, 발전소 등의 인프라 건설 사업에 지원하며, 원금을 상환받는 차관의 형태로 운영되고 있다.

경제협력을 강화하는 입장을 취하기 시작하였다. 즉, 수출 환경 측면에서 지나친 선진국 의존 현상을 완화하여 선진국의 보호주의에 효과적으로 대응하는 한편, 남남협력 강화로 인류공동의 번영을 목표로 하는 세계 경제발전에 기여한다는 접근을 취하였다. 이러한 맥락에서 1986년 12월 대외협력기금법이 통과됨으로써 대개발도상국 경제협력을 위한 새로운 정책도구를 확립하여 통상협력 범위가 획기적으로 확대되는 전기를 마련하였다.

통상마찰 완화 정책의 개발

1986년 대한민국은 역사상 최초로 무역수지 흑자를 기록하면서 수출진흥에만 맞추어졌던 기존의 정책 방향을 수출입의 균형성장으로 전환하게 되었다. 한

|그림 3| **무역수지의 변화: 1956~1995**

(단위: 백만 달러)

자료: 한국무역협회, K-stat.

국의 폭발적인 수출 신장세에 대한 경쟁국들의 견제를 의식해 대외 통상마찰 완화에 정책적 역점을 두기 시작한 것이다. 상징적으로는 '수출의 날'을 수출입의 균형성장을 지향하는 '무역의 날'로 명칭을 변경하였다. 제도적으로는 1960년대에 제정되었던 무역거래법에서 법의 목적을 수출진흥과 수입조정을 통한 대외무역의 건전한 발전 촉진으로 규정하였던 반면, 1986년 이를 대체한 대외무역법에서는 수출진흥과 수입조정 대신 대외 무역의 공정한 질서 확립을 통한 국제

수지 균형 및 통상 확대 도모로 그 목적을 변경하였다. 구체적인 정책으로는, 무역흑자를 줄이기 위한 수입확대정책이 도입되었다. 1987년 4월 국제수지 흑자관리대책을 발표하여 수입 촉진을 위한 시설재 도입 지원, 수입감시 품목 축소, 실질적 수입 자유화 확대 및 외환관리의 점진적 완화, 대기업에 대한 수출산업 설비금융 및 무역금융의 단계적 축소 등을 취하여 나갔다.

그럼에도 한국이 상대적으로 수출을 초과하는 국가들로부터 시장개방 요구와 적극적인 무역역조 시정 요구는 끊이지 않았는데, 이러한 요구는 이전과 달리 국내 대형 프로젝트에 자국의 참여를 적극적으로 요구하는 방식으로 나타나기도 하였다.

아울러, 잠재적 수출 확대 가능성 발굴을 위한 노력들을 정교화하기 시작하였는데, 대표적인 것이 그 전까지 큰 관심을 두지 않았던 외국의 자유무역지대를 활용하는 방안이었다. 이를 위해 먼저 외국의 자유무역지대 현황을 파악하고, 진출 대상 지역 및 관심 업체 선정을 통해 구체적인 진출 방안을 수립하는 접근이 취해지기 시작하였다. 1982년 당시 파악된 관심 대상 자유무역지대(Free Trade Area)• 현황은 중남미

자유무역지대: 자유무역지대는 일반 관세 지역에서 분리되어 다른 나라와의 상품 및 자원의 교역이 허용되는 특정한 지역을 의미한다. 관세 및 기타 공과금들이 면제된 상태에서 상품을 들여오거나 그 지역 내에서는 자유롭게 제품의 반입·반출·포장·분류·조립 등의 상품 처리와 가공이 가능한 행정상의 특혜를 받을 수 있는 수출산업의 개방 지역이다.

(자메이카, 파나마, 페루, 콜롬비아 등 60개국), 아시아(인도, 스리랑카, 방글라데시, 말레이시아 등 26개국), 아중동(바레인, UAE, 세네갈 등 32개국) 등이었다. 이들을 대상으로 지역별 특성에 맞는 진출 정책을 수립하였는데, 아프리카는 중소기업형 합작투자 및 현지 생산 체제 확립, 아시아는 자원개발형 투자 및 중공업 제품 수출 촉진, 중남미는 구상 무역 추진 및 자유무역지대 투자 증진, 미국 및 유럽은 물량 위주 수출지양 및 합작투자 추진 등이 모색되었다. 이러한 전략적 해외 진출방식을 활용하여 외국 정부의 수입제한 조치를 우회적으로 극복하고자 하였다.

1990년대

1990년대는 미국의 지속적인 무역적자 누적에 대한 우려로 무역적자 상대국에 대한 통상압박 수위를 높여 가던 시기였다. 대표적으로 당초 미국 통상법에 한시적으로 도입되었던 이른바 '슈퍼 301조'를 행정명령을 통해 수차례 부활시키는 방식으로 한국, 일본, 대만 등 동아시아 공업국들에 대한 대표적 압박 수단으로 활용하였다. 다른 한편, 동구권이 몰락하고 세

미(美) 통상법 301조

미국의 1974년 통상법(Trade Act of 1974)의 제301조를 일컫는 표현으로 미국의 무역과 투자에 악영향을 미치는 무역 상대국의 불공정 무역행위에 대해 보복할 수 있는 권한에 관한 규정을 의미한다. 보통 미 301조라고 할 때 불공정 무역에 관한 조항들인 제301조부터 제309조까지를 모두 포괄하는 의미로 사용된다. 특히, 1988년 종합무역법(Omnibus Foreign Trade and Competitiveness Act of 1988) 개정을 통해 기존 제301~309조에 보복조항인 '제310조'를 추가한 것을 '슈퍼 301조'라고 하며, 무역 상대국을 포괄적으로 우선협상 대상국으로 지정해 무역협상을 하고, 고율의 관세 부과 등 강력한 보복 조치를 할 수 있게 한 조항을 일컫는다. 당초 2년 한시조항으로 1990년 폐지되었다가 이후 1990년대에 대통령 행정명령으로 여러 차례 사용되었다.

계 단일의 국제 통상 질서가 조성되기 시작하여 WTO 체제 성립에 이르게 되었고, 한국을 포함한 동아시아 국가들이 외환위기를 겪으면서 세계경제 체제로의 통합이 가속화된 시기이기도 하였다.

대미 통상갈등의 심화

미국과의 무역은 1960년대 만성적 무역적자에서 1982년 처음으로 흑자를 기록한 이후 무역 불균형 관계가 누적되어 가면서 통상갈등의 골이 깊어지고 있었다. 1990년대 미국과의 통상갈등은 미국의 1988년 종합무역법 채택을 통한 시장개방 압력이라는 통상전략

1992년 한미 정상회담 공동 기자회견(1992. 1. 6)
자료: 국가기록원.

을 수립하면서 본격화되었다. 미국은 한국을 반도체나 자동차 등을 수출하는 경제선진국임에도 시장개방은 미흡한 대표적인 국가로 인식하였다. 1989년 1월 5일 미국 업계가 한국 컬러TV에 대한 수입감시 요청으로 시작된 새로운 통상마찰은 점차 그 대상이 첨단기술 분야로 확산되어 특허권 침해 제소로 이어졌다. 대표적으로 자동차 무선전화기에 대한 모토로라사 특허권 침해 제소를 포함하여, 열쇠 반제품, 운동화, 카메라, 메모리칩 등 분야에서 제소가 잇따랐다. 지적재산권 분야에서는 우선감시 대상국(priority watch list)으로 포함되어 이후 20년간 '우선감시' 혹은 '감시' 대상국으로 분류되기도 하였다.

1990년대 초에는 주요 통상 이슈로 한국의 수출 드라이브 정책, 과소비 억제 운동, 관세율 인하 계획 지연, 우루과이 라운드 농산물 협상(예외 없는 관세화, 쌀시장 개방 등), 금융시장 개방 등에서 비협조적인 태도가 있다는 점들이 거론되었다. 첨단 분야에서도 1992년 12월 제정된 「반도체집적회로의 배치설계에 관한 법률」이 국제 규범에 비해 보호 수준이 미약하다는 미국의 주장이 있어, 강제실시권 발동 범위 제한 등 미국 측의 관심 사항을 시행령을 제정하는 단계에서 수용하였을 뿐 아니라, 양국 전문가의 협의를 거친 후 국제 규범에서 떨어지는 분야가 확인되는 부분은 법률을 개정하기로 할 정도였다. 이러한 통상압력으로 인해 한국의 대미 무역수지는 1991년을 기점으로 9년 만에 다시 적자로 반전되었다.

미국과의 통상갈등은 구체적 사안들을 포괄적으로 다루는 협의체를 통하는 방식으로 해소되었다. 1992년 1월 서울에서 이루어진 한미 정상회담에서 과거 양국 관계가 외교안보 분야 중심에서 경제 분야에

|표 5| **한-미 자동차 통상교섭 일지(1996~1998)**

연도	월일	주요 내용
1996	12월	미 자동차제조업자협회(AAMA)가 1997년도 무역장벽 보고서에 대한 의견 제출 시 한국의 자동차시장에 대해 언급
1997	4. 1	국별 무역장벽 보고서(NTE) 발표
	7. 10	AAMA, 한국 자동차시장을 우선협상 대상 관행으로 지정 건의
	8. 21	한-미 자동차 실무협의
	10. 1	한국 자동차시장을 슈퍼 301조에 의한 우선협상 대상 관행으로 지정
1998	4월	USTR의 미국 무역장벽 보고서에서 한국 자동차시장의 폐쇄성 지적
	5. 13	한국자동차협회가 자동차산업민간협의회에서 자동차 세제 개편 요구
	5. 13~14	제1차 한-미 자동차 실무협의
	8. 11~13	제2차 한-미 자동차 실무협의
	10. 20	한-미 자동차 협상 타결

자료: 박정준·강민규(2018).

서도 새로운 동반자 관계를 구축하기로 합의하였고, 이에 따라 이른바 PEI(President's Economic Initiative, 한미 영업환경 개선방안협회)•가 설치되었다.

동 협회는 상호 영업 환경 개선 방안을 연구 및 권고할 수 있었으며, 합의 내용은 법률 개정 등을 통해 제도에 반영하도록 하였다. 이에 통관, 표준, 투자, 기술 등 4개 공동작업반이 구성되어 1993년 9월 최종 보고서에 합의하였다. 미국은 외국인 기업 토지 취득, 자본조달 방안 확대, 유통시장 전면 개방 등을 요구하였으나, 한국은 보험사의 부동산 취득 허용, 외국

PEI: PEI는 1992년 1월 한미 정상회담에 따라 한미 간 새로운 동반자 관계 구축을 배경으로 설립된 영업 환경 개선을 위한 협의체로 한-미 경제협의회(한국 측 대표: 외무부 장관, 미국 측 대표: 국무부 경제차관) 산하에 설치되었다.

인 지분 50% 이상 업체의 본점 자금 유입 등을 허용하는 선에서 미국 측 요구를 수용하며 마무리되었다. 이러한 미국 측의 통상압력은 1993년 1월 미국 정부가 민주당 정권으로 바뀌면서도 계속되었다. 1993년 7월 한미 정상회담에서는 기존의 PEI를 대체하는 새로운 대화기구인 DEC(Dialogue for Economic Cooperation, 한미 경제협력대화)•가 설립되어 유사한 기능을 수행하였다. 미국은 1994년 국별 무역장벽 보고서(National Trade Estimate Report on Foreign Trade Barriers: NTE)에 한국을 자동차시장 불공정 무역관행 대상에 포함시키며, 한국 자동차가 미국 시장에 진출하는 것만큼 미국 자동차도 한국 시장에 똑같이 진출해야 할 것을 주장하였다. 이에 자동차 유통시장은 당초 일정보다 1년 앞당겨 1995년 1월부터 전면 개방되는 한편, 자동차 취득세율 차등 부과를 폐지하였고, DEC는 이후 1년간 계속하기로 합의하여 종결되었다.

DEC: DEC는 1993년 PEI 후속으로 설립된 한미 간 경제협력대화기구로 양국 간 경제규제 완화와 협력 증진을 위한 실무 차원의 대화 채널이다.

하지만 1997년 10월 미국은 한국 자동차시장을 슈퍼 301조에 의한 우선협상 관행으로 지정하여 양자협상이 결렬될 경우 100% 보복 관세 부과가 예상되는 상황에 이르게 되었다. 1995년 이미 한국은 미국이 지속적으로 주장해 오던 관세 인하를 포함해, 이중세

제 개편, 수입 자동차에 대한 인식 개선 요구 등을 수용한 바 있었지만, 미국 자동차제조업자협회(AAMA)가 추가적인 시장개방이 필요하다는 의견서를 제출하고 미국 정부가 이를 받아들인 것이었다. 두 차례에 걸친 공식 양자 협상을 거쳐 결국 양해각서를 통해 한국 시장 내 외국 자동차 판매 환경 개선과 국내 자동차와의 공평한 대우를 약속하였다. 특히, 특별소비세의 경우 2005년까지 30%를 인하하고, 1999년 3월부터 2,000cc 이상 차량에 대한 등록세를 기존 cc당 310원에서 cc당 220원으로 대폭 완화하기로 하였다.

이러한 일련의 통상갈등 해소 과정에서 수출 중심 소규모 경제인 한국이 거대 경제국과의 양자 교섭이라는 정책적 접근은 뚜렷한 한계가 있을 수밖에 없음을 뼈저리게 느끼게 되었고, 이는 이후 WTO를 활용한 다자적 통상전략의 중요성과 국가적 차원의 통상 전문 역량 강화 필요성을 환기시키는 계기가 되었다.

경제권별 통상 관계 다변화

일본과의 주요 통상 이슈는 지속적으로 만성적 무역적자 문제였다. 다만, 1990년대 대일 무역적자의 원인에 대한 진단은 이전에 비해 변화하기 시작하였다. 먼저 수출 측면에서, 국내적으로는 한국경제 수준의 향상과 임금상승에 따른 수출상품 가격경쟁력 약화가 제기되었고, 대외적으로는 일본이 모든 산업의 생산 기반을 자국 내에서 유지하는 이른바 풀세트(full-set) 산업구조와 함께 일본 특유의 비관세 장벽과 폐쇄적 유통구조, 그리고 일본의 동남아시아 현지 투자기업으로부터의 역수입 등을 원인으로 평가하였다. 수입 측면에서는, 일본으로부터 자본재·중간재를 수입해 생산하는 조립가공형 대일 의존적 산업구조와 대일 기술 도입과 관련한 시설재의 유지보수용품 수입수요 증가 등이 구조적인 요인으로 분석되었다. 이에 대한 방안으로 제조업 경쟁력 강화를 위한 자동화 설비 도입과 내수 증대가 필요하다는 인식이 자리잡기 시작하였다.

만성적 대일 무역적자 개선과 급격한 수입 자유화 정책을 보완하기 위해 1978년부터 수입선 다변화 정책•이 시행되어 오고 있었다. 당시 WTO 체제 출범으로 이러한 정책은 비차별 대우 원칙에 위배된다는 지적이 있었고, 이에 따라 다변화 품목을 1994년 25개 품목(디지털음성재생기, 에어백 등), 1995년 26개 품목(워드프로세싱머신, 실리콘에멀젼 등)을 해제하는 등 일본으

수입선 다변화 정책: 특정 국가와의 무역역조를 줄이기 위해 특정 품목을 정하여 수입을 금지하는 제도로 무역적자국에서 수입되는 품목 중 다른 나라에서도 수입이 가능한 일정 품목을 지정하여 수입을 제한하는 제도이다.

로부터의 수입제한을 철폐하여 수입선 다변화 품목수를 총 204개로 감소시켰다. 나아가 1998년까지 매년 10%씩 품목을 해제하여 129개 품목으로 감축하는 한편, 1999년 이후에는 다변화 제도 존치 여부를 근본적으로 재검토하기에 이르렀다.

대EC 수출은 미국과 일본 위주의 편중된 교역구조 개선 및 수출입선 다변화 정책을 추진함에 따라 타 지역에 비해 급속히 증가하였으나, 무역수지 적자가 구조적으로 고착화되었다. EC와 통상갈등은 지적재산권 대미 동등 보호 문제를 중심으로 형성되었다. 1986년 7월 미 301조로 인한 한-미 지적재산권 협상이 타결됨에 따라 시행된 대미 소급보호 조치를 EC에도 동등하게 제공해 달라는 EC 측의 주장에 대해, 한국은 미국과 협상 결과는 양국 특수 관계에 따른 양자간 조치로 지적재산권에 대한 최혜국 대우 원칙이 국제적으로 미인정된 시점에서 동등 대우를 제공할 의무가 없다는 주장이 지속되었다. EC는 이에 대한 보복으로 1988년부터 한국에 대한 GSP 공여를 중단하였으나, 1991년 9월 실무회담 타결로 1992년부터 GSP 수혜가 재개되는 한편, 정보산업, 가전 등 공동연구 프로그램에 한국 참여를 내용으로 하는 과학기술협정에 대한 조기 타결이 약속되었다. 하지만 금융 부문 및 유통업 부문에 대한 시장개방 요구 그리고 우리 기업들에 대한 반덤핑규제는 지속되었다.

아세안: 동남아시아의 지역경제공동체.

아세안(ASEAN)• 국가들에 대해서는 1987년부터 투자가 증가하였는데, 이 중 임금이 가장 낮은 인도네시아가 미국에 이어 두 번째 선호 투자 대상 지역이 되었다. 1990년 이전 투자는 섬유, 신발, 가죽 등 노동집약 부문에 집중되었으나, 1990년대 들어서는 임금 상승, 숙련 노동인력 부족 등으로 석유화학, 조립금속 부문으로 대규모 투자가 증가하는 추세로 전환되기 시작하였다. 아울러, 합작투자 확대를 통해 장기적인 한-아세안 산업구조 연계성 강화와 지역시장 진출 기반 확보 필요성이 논의되기 시작하였다.

또한 1989년 동구권 몰락 이후 1990년대는 동구권 국가들과의 통상협정 체결이 활발하였다. 1990년 소련과 국교 정상화를 하는 데 이어 공식적인 통상협정이 체결되었고 이를 통해 무역에 관한 모든 사항에 대해 최혜국 대우를 부여하였다. 한국 기업의 대북방 진출 과당경쟁 방지 및 시장 질서를 유지하기 위해 1990년 10월 경제기획원 주관으로 「북방경제교류조정에 관한 지침」이 시행되는 한편, 동년 12월에는 상공

|그림 4| WTO 체제하 한국의 수출입액 변화 추이(1996~2022)

(단위: 백만 달러)

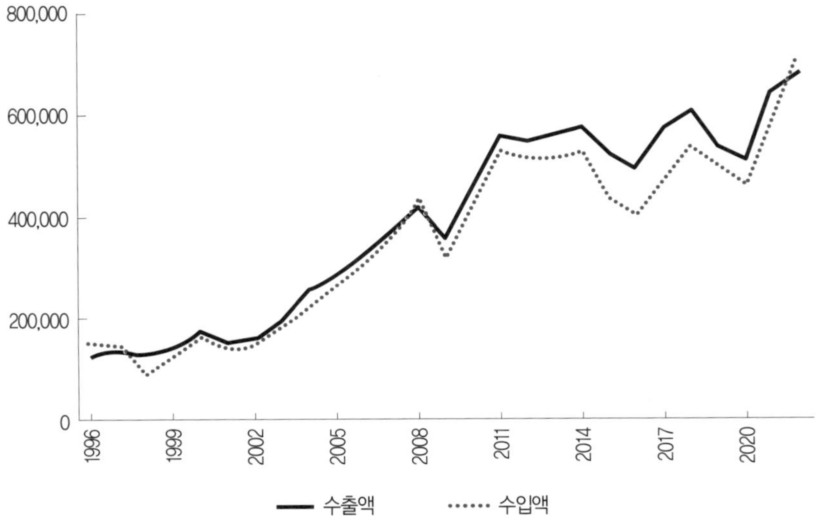

자료: 무역협회.

부 주관으로 「북방 국가와의 통상에 관한 요령」을 시행하였다. 이를 통해 단일품목으로 100만 달러 이상의 상품 수출입, 모든 산업설비 수출, 200만 달러 이상의 국제입찰 참가, 100만 달러 이상의 제조업 투자, 공동사업 등에 관한 업무협력협정 체결에 대해서는 상공부에 신고하여 사전승인을 받도록 하였다. 중국과의 경제교류도 활발해지기 시작하여 1991년 1월 중국에 코트라 주북경대표부가 설치되었고, 1991년 4월에는 중국 국제상회 주서울대표부가 설치되었으며, 1992년 1월 마침내 중국과 무역협정이 체결되었다.

WTO 체제 출범과 통상 체제 정비

다자통상 차원에서 1993년 12월 제8차 다자통상 협상인 우루과이 라운드(Uruguay Round)●가 7년 협상 끝에 타결되고, 1995년 WTO가 출범하면서 이른바 '국경 없는 경제전쟁'이라는 표현이 사용되기 시작하였다. WTO 체제 성립을 기점으로 한국은 2008년 글로벌 금융위기 기간을 제외하고는 지속적인 수출입 규모 성장을 전반적인 무역수지 흑자구조하에서 이어가게 되었다.

우루과이 라운드: 우루과이 라운드는 임시적 다자 간 통상규약이었던 GATT 체제를 다자 간 통상기구의 형태로 발전시킨 국가 간 협상으로, 1986년 9월 우루과이 푼타델에스테(Punta del Este)에서 협상이 시작되어, 1994년 4월 모로코 마라케시(Marrakesh)에서 종료되었다. 협상의 결과로 세계무역기구(WTO) 설립에 관한 협정을 포함해 농업, 반덤핑, 서비스무역, 무역 관련 지식재산권, 분쟁해결 등에 관한 다자 간 협정과 정부조달, 민간 항공기 등 복수국 간 협정 등 새로운 국제 통상 질서가 형성되었다.

종전의 GATT 체제는 시장개방의 범위가 상품무역에 국한되어 있고 규범적으로는 관세나 통관 등 국경에서의 조치들(border measures)을 중심으로 하였으나, WTO 체제에서는 시장개방 범위가 농산물, 서비스무역 등으로 확대되었을 뿐 아니라 규범적으로도 경쟁정책, 기술규제, 지식재산권 등 국경 내(behind the border) 조치로 인식될 수 있는 다양한 영역들이 포함되어 글로벌 시장통합의 속도가 가속화되었다.

협상 결과에 따라 수입 자유화 조치가 단행되어

1995년 총수입품목 수 10,502개 중 99%인 10,401개가 수입 자유화되었다. 잔존 101개 품목 중 공산품이 8개 품목(염, 무연탄, 견직물 등), 농축산물이 93개 품목이었고, 농산물의 경우 1995년 1월부로 관세화 원칙이 적용되었으나 쌀에 대해서만은 2004년까지 관세화가 유예되었고, 1995년 국내 소비량의 1%, 2004년에는 4%까지 최소 물량 수입의무를 부과하기로 하였다. 서비스 및 투자 부문에서도 시장개방이 앞서 추진되어 1993년 6월 수립된 외국인 투자개방 5개년 계획에 따라 서비스시장 40개 업종이 1994년 1월부터 개방되고, 말, 양 사육업, 숙박 및 음식점업, 경기 및 오락용품 임대업, 농약, 채소 도매업 등이 개방되었다.

WTO 체제 출범은 시장개방 측면뿐 아니라 통상 갈등의 다자적 해결 국면이 열리는 계기가 되었다. 가령 1996년 후반기부터 한국의 소비 절약 운동이 한미 통상 주요 현안 중 하나가 되었는데, 미국은 이 운동에 정부가 개입한 것으로 판단하여 WTO 차원으로 비화되기에 이르렀다. 결국 1997년 5월 9일 정부의 공식 해명과 언론의 자제로 마찰이 일단락되었지만, 이전에 한국의 상황상 정부 정책의 경계에 있던 국내 정책적 양태들이 국제 통상규범과의 충돌을 겪으며 변

|그림 5| **한국의 공산품 평균관세율 변화 추이(1988~2021)**

(단위: %)

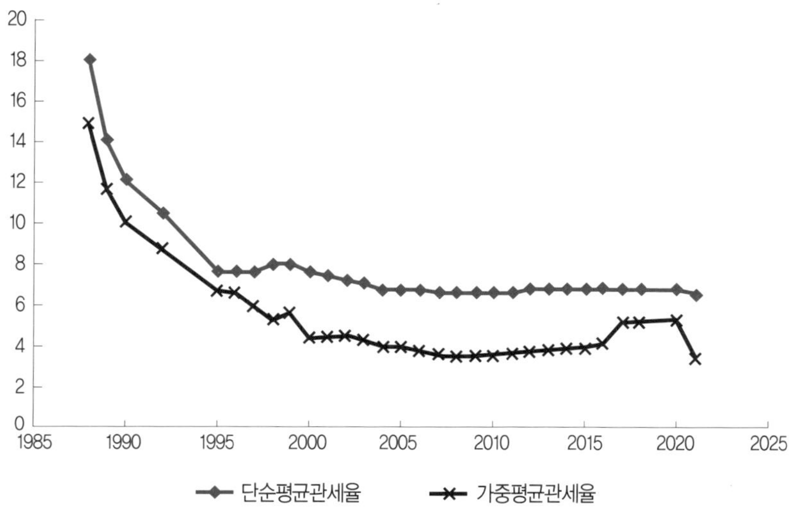

자료: WITS, TRAINS 데이터베이스.

화를 겪게 되었다. 역으로 다자통상 체제 가입 이후 처음으로 1997년 미국을 상대로 미국의 한국산 컬러 TV, 반도체에 대한 반덤핑 조치에 대해 WTO에 제소하여, 컬러TV에 대해 미국이 반덤핑 조치 철회를 위한 예비결정과 우회덤핑 조사를 중단하는 결정을 이끌어 내기도 하였다. 과거 일방주의적인 미국의 통상법 301조도 WTO 출범 이후 여러 회원국들의 도전을 받았는데, 1998년 11월 EU가 301조에 대한 WTO 협정 불합치 제소를 하여 1999년 3월 한국도 제3국으로 심의에 참여하는 방식으로 새로운 통상갈등의 해결을 모색하게 되었다.

1990년대 통상조직은 통상마찰 심화에 따라 대외통상협상에 기동성 있게 대처하기 위해 기존의 대외협력위원회를 대외경제조정위원회로 바꾸고 위원 수를 축소하는 한편, 협상력 강화와 협상 체제 혼선 해소를 위해 통상교섭본부 체제를 구축하였다.

한국은 더 이상 개발도상국으로 누려 왔던 시장보호 특혜를 선진국으로부터 인정받지 못하고, 선발 개발도상국으로서의 적정한 개방과 국제 사회에서의 의무와 책임 압력이 증가하는 상황이었다. WTO 체제 출범을 전후하여 이러한 상황은 더욱 가속화되었는데, 이는 한국전쟁 직후 『네이산 보고서』의 제안으로 유지되어 오던 경사관세구조의 완화로도 나타났다. 즉, 관세율 인하예시제(2차 1989~1994년)에 따라 1994년 수입관세율을 7.9%로 인하하는 한편, 중간재와 완제품의 세율 격차가 거의 없어져 균등 관세율 체계(Uniform Tariff System)가 더욱 두드러지게 됨에 따라 선진국 및 주요 경쟁국들과 유사한 수준에 이르게 되었다.

1997년 12월 3일 IMF 구제금융으로 시장개방 일정 재조정이 요구되었고, 경제위기 극복을 위해 외자유치가 필수적이라는 인식하에 시장개방을 능동적으로 앞당기게 되었다. 당시 경제위기의 근본 해결책으로 수출을 통한 국제수지 위기 극복, 한국적 가치와 시스템에서 벗어난 세계적 보편주의 및 글로벌 스탠더드의 수용 등이 채택됨에 따라 한국 통상정책의 기조 또한 '개방형 통상 국가'로 설정하고 1998년 초 외무부를 외교통상부로 개편하여 통상교섭본부를 설치하였다. 개방형 통상 국가는 개혁개방의 능동적 추진과 국제 경제 질서에 주도적 참여 등을 골자로 하는 경제·통상 외교의 기본 방향이었는데, 1998년 말 중장기 통상전략의 수립, 2000년 5월 산업자원부의 '개방형 신통상 국가 전략' 등을 통해 구체화되었다. 이러한 선진형 통상 국가 전략은 기존 전략들이 부처 주도로 산발적으로 추진되어 포괄성, 지속성, 이행성 면에서 한계가 있다는 점을 극복하기 위해 국가 지도자의 직접적 관심하에 범정부적 차원의 통상전략 수립을 목표로 하였다. 그 결과 2000년대 들어 본격적으로 펼쳐질 이른바 'FTA 추진전략'이 1998년 11월 대외경제조정위원회에서 칠레와 자유무역협정 체결 건이 의결되기 시작하고 있었다.

4

세계화 시대(2000~2010년대), 선진 통상 국가의 확립

2000년대

2010년대

2000년대

지역주의의 확산과 FTA를 통한 경제영토 확장론

2000년대는 1990년대 말 동아시아 외환위기의 여파로 시작하여 WTO 체제 첫 다자협상 라운드인 DDA(Doha Development Agenda, 도하개발의제)•의 정체, 중국의 WTO 가입 등의 대외 환경 변화 속에서, 시장개방 추세가 다자주의에서 지역주의를 중심으로 이어진 시기였다. 한국의 통상정책은 가히 FTA 통상전략의 시대라 할 수 있을 만큼, 신속한 FTA 협상을 중심으로 전개되었다.

DDA: DDA는 2001년 카타르 도하에서 개최된 제4차 WTO 각료회의에서 채택된 WTO 성립 이후 최초의 다자 간 통상협상으로 무역 이외에 개발 협력에 방점을 두고 추진되었다. 당초 2004년까지를 협상 시한을 설정하였으나, 2007년 협상이 잠정 중단되고 2013년 무역원활화협정 등 일부 성과만을 거둔 채 2017년 사실상 종료되었다.

FTA는 국가 간 무역 증진을 위해 관세를 포함해 무역에 관련한 제도적 장벽들을 상호 간 제거하는 경제통합 단계의 한 형태로, 국가 간 공동 무역정책을 취하는 관세동맹, 상품이나 서비스뿐 아니라 생산요소의 자유로운 국가 간 이동을 포함하는 공동시장, 완전경제통합의 형태인 단일경제에 이르는 자유시장 국가 간 경제통합이라는 비전의 기초 단계로 이해되는 개념이었다.

WTO 발족 후 추진된 뉴라운드 협상 개시가 1999년 시애틀 각료회의에서 개발도상국 및 시민사회

|그림 6| **경제통합 단계**

자료: FTA 종합포털(fta.go.kr).

의 반대로 좌초되면서, 다자통상 질서의 형성이 더 이상 선진국과 일부 다국적 기업의 이해관계에 따라 주도되기 어렵다는 인식이 확인되었다. 2001년 도하 각료회의에서 새로운 다자통상협상인 DDA가 출범하였지만 2003년 칸쿤 각료회의에서 선진국이 주장하던 협상의제들의 포함이 개발도상국들의 반대로 무산되면서 협상 동력을 상실하자 세계적인 경제통합의 비전은 대안적으로 FTA를 중심으로 구체화되는 환경이 조성되었다.

한국은 당초 다자통상 체제를 중심으로 한 자유

화를 통상전략의 주요 축으로 삼고 있었으나, DDA 협상의 좌초는 주요국들을 지역주의에 더욱 의존적으로 만들게 되었고 이는 결국 역외국에 대한 차별로 나타나게 되었다. WTO 성립 직전부터 서유럽 국가들의 EU(European Union, 유럽연합), 북미 국가들의 NAFTA(North American Free Trade Agreement, 북미자유무역협정)와 같이 한국의 주요 수출시장들은 지역주의의 틀을 형성해 가고 있었다. 한국은 이러한 주요국들의 지역주의 움직임에 대응하여 경제적 보완성이 있는 시장을 통한 지역거점을 확보하기 위해 적극적인 지역협정 추진의 필요성을 자각하게 되었다.

나아가 안정적 수출시장 확보를 위해서는 단기적 대응이 아니라 중장기적 관점에서 세계시장 속에서 한국경제의 위치를 어떻게 확보해 나갈지에 대한 비전과 방향 설정이 필요함에 따라, FTA를 단순한 통상전략이 아닌 국가 경영전략 차원에서 범국가적으로 추진되어야 할 사안으로 받아들였다. 이러한 인식의 결과로 2003년 8월 대외경제장관회의 산하에 'FTA 추진위원회'를 확대 개편하고, 같은 해 9월 FTA 추진 상대국에 대한 장단기 일정을 내용으로 하는 'FTA 추진 로드맵'을 국무회의에서 의결하였다. 이후 2003년 9월

칸쿤 WTO 각료회의의 결렬로 지역주의 추세가 심화될 것이 확실시 되고 2004년 4월 칠레와의 FTA 발효로 FTA 체결을 위한 국내 기반이 조성되었다는 판단에 따라, FTA 추진 일정을 한층 가속화하는 것을 골자로 하는 보완된 FTA 추진 로드맵을 2004년 5월 발표하였다

FTA 협상 대상국 선정 기준으로 경제적 타당성, 외교적 함의, 우리에 대한 적극성, 선진경제권과의 FTA 추진 도움 여부 등을 포함하였으며, 이에 일본, 싱가포르와 가능한 조속히 협상을 개시하고 ASEAN, 멕시코, EFTA와 여건이 성숙되는 대로 공동연구나 협상 추진을 준비하기로 하였다. 한편, 미국, EU, 중국 등 거대경제권, 체결 희망국(이스라엘, 페루, 파나마, 뉴질랜드, 호주), 기타 체결 필요국(캐나다, 인도)과는 중장기적으로 추진을 검토하기로 하였다. 하지만 일본과의 FTA는 2003년 12월 협상이 개시되었으나 산업적, 역사적 민감성으로 인해 결국 중단되었고, 보다 적극적인 FTA 추진성 확보를 위해 미국과의 FTA 협상을 앞당겨 추진하게 되었다. 이에 기발표되었던 로드맵을 보완하여 2004년 5월 대외경제장관회의에서 인도, 캐나다와의 FTA를 보다 단기에 추진하기로 결정하였다.

|그림 7| FTA 로드맵(2004. 5 보완)

2단계 전략
교두보 확보(1단계) → 거대경제권과의 본격 추진(2단계)
칠레 → 중남미, 싱가포르 → ASEAN, EFTA → EU, 캐나다 → 미국
※ 인도, 중국 등 신흥 유망 국가는 잠재시장 선점전략으로 진출

대상국 선정 기준
경제적 타당성과 외교적 함의 고려

추진 대상국
단기: 일본, 싱가포르, ASEAN, EFTA, 멕시코, 캐나다, 인도
중장기: 미국, EU, 중국, 한중일, 우리와의 FTA 희망국(호주 등)

자료: 외교통상부(2007), 『외교백서』.

이를 통해 지역주의 흐름에 뒤늦게 뛰어든 만큼 적극적인 FTA 추진을 통한 '동아시아 FTA 허브' 구축을 비전으로 이른바 '동시다발적 FTA 추진전략'을 채택하였다. 우선 1단계로 우리 무역에 영향을 덜 미치면서도 대륙으로의 진출에 거점지역이 될 수 있는 국가를 대륙별로 선정하였는데, 이에는 칠레, 싱가포르, EFTA가 포함되어 각각 미주, 아시아, 유럽 대륙 진출의 교두보로 삼고자 하였다. 2단계는 대륙별 주요 시장과의 FTA를 추진하는 것으로 ASEAN, 캐나다, 멕시코, 미국, 인도, MERCOSUR(Mercado Comun del Sur, 남미공동시장)•, EU 등을 포함시켰다. 이렇게 한 대륙에 치우

MERCOSUR: MERCOSUR는 남아메리카 국가들 간의 상품, 서비스, 인력, 자본 등의 이동 자유화를 통한 경제통합 증진을 목적으로 1991년에 설립된 경제공동체이다. 현재는 아르헨티나, 브라질, 파라과이, 우루과이, 베네수엘라 5개국이 정회원국으로 참여 중이다.

|그림 8| **한국의 수입 · 수출국 수 변화 추이(1988~2021)**

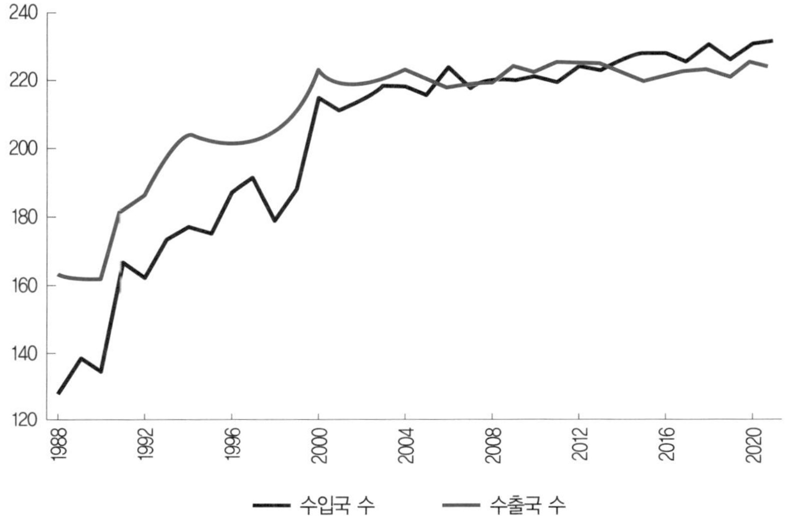

자료: WITS, 세계은행.

치지도, 선진-개발도상국에 치우치지도 않는 단계적이고 체계적인 통상전략이 추진되었다. 이와 함께 한-칠레 FTA 과정에서 이익단체들의 강력한 반발에서 확인된 바와 같이, 대국민 시장개방에 대한 홍보의 중요성과 이익단체들의 반발을 무마할 수 있는 국내 대책 마련의 필요성을 인식하였고, 이는 한-미 FTA 체결 과정에서 개방화에 따른 구조조정 원활화 추진을 위한 제도적 뒷받침인 「FTA조정법」•의 마련으로 나타났다.

FTA조정법: 1997년 제정된 「제조업 등의 무역조정 지원에 관한 법률」의 약칭으로 정부가 체결한 FTA 이행으로 피해를 입은 제조업과 관련 서비스업 기업 및 소속 근로자 등에 대한 지원대책에 관한 법률로, 이론적으로 이른바 무역조정지원제도(Trade Adjustment Assistance)로도 불린다.

적극적인 대외 개방정책에 힘입어 한국의 교역 국가 수도 지속적으로 증가하여 사실상 모든 정상적인 교역 국가들과 교역 네트워크를 구축하게 되었다. 1988년 128개국이었던 수입국 수는 현재 231개국으로, 같은 기간 163개국이었던 수출국 수는 225개국까지 증가하였다. 주의할 점은 교역 상대국 수를 논할 때 국가 단위는 일반적인 주권국가 기준이 아닌 홍콩, 마카오 등과 같은 독립된 관세주권 여부를 기준으로 한다는 것이다.

한-미 FTA 체결과 발효

2000년대 미국과의 최대 통상 현안은 한-미 FTA 협상 이슈였다. 한-미 FTA 논의는 미국에서는 1980년대 중반부터 시작되었으며 1989년 미국 국제무역위원회(USITC)가 『아태지역국과의 FTA 체결에 대한 검토 보고서』를 발표하면서 본격화되었다. 동 보고서에서는 아태 지역 FTA 체결 대상국으로 한국 외에 싱가포르, 대만 등을 고려하였고, 이 중 한국이 경제적 측면에서 가장 적절한 체결 대상국이지만 당시 한국의 반미감정으로 협정 추진은 어려울 것으로 분석한 바 있다. 1999년 6월 양국은 FTA 이전 준비 단계로 한미 투자협정(Bilateral Investment Treaty: BIT) 논의를 시작하였으나 스크린쿼터 문제로 협상이 교착 상태에 빠져 있었다. 본격적인 양국 간 FTA 논의는 2004년 5월 미국 무역대표부(USTR) 부대표가 관심 표명 발언을 한 후 동년 11월 APEC 개최를 계기로 한-미 통상장관회담에서 FTA 추진 가능성 점검을 위한 사전실무점검회의 개최에 합의하면서 시작되었다. 2005년에 3차례의 사전실무점검회의를 거쳐 2006년 2월 한-미 FTA 협상 개시 선언으로 시작되고 동년 6월 공식 협상이 개시되어 2007년 4월 협상 타결이 선언되었다. 협정문은 상품무역뿐 아니라, 무역구제, 서비스, 투자, 정부조달, 노동, 환경 등 무역 관련 제 분야를 포함하여, 당시 한국이 체결한 가장 포괄적이고 높은 수준의 FTA였으며, 세계 최대 시장에 대한 시장접근을 개선하고 우리 경제 시스템을 선진화하는 한편, 대외 신인도를 제고하는 것을 주요 기대효과로 판단하였다. 하지만 미국 의회와 행정부 간 갈등 과정에서 한-미 FTA 재협상이 논의 쟁점으로 부각하게 되고, 국내에서 국회 비준 과정에 난항을 겪게 되면서 추가 협상 과정을 거쳐 결국 2012년 3월에야 발효할 수 있게 되었다.

중국의 부상과 새로운 글로벌 분업구조 형성

2000년대는 한국의 주요 무역 상대국으로 중국이 급부상하기 시작한 시기이었다. 단적인 예로 2000년 5월 중국산 마늘 수입 급증으로 인한 한중 간 마늘 분쟁이 있었고, 이러한 대중 교역의 양적 급팽창은 여러 통상쟁점의 팽창으로도 이어지게 되었다. 또한 양국 간 통상 관계는 양자 간 무역에서뿐 아니라 세계 산업구조 차원에서도 중요해지기 시작하였다. 2001년 중국의 WTO 가입으로 중국 시장이 개방되고 중국의 통상정책 불확실성이 감소하여 한국에게 대중 수출 및 투자 기회의 확대를 가져오기도 하였지만, 다른 한편으로는 중국 제품의 수입 증가와 해외 시장에서 양국 제품 간 경합은 위기의 측면도 동시에 가지고 있었다. 이에 대한 통상정책적 대응은 기본적으로 양국 간 상호보완적 무역구조에 입각한 중국 시장 활용 및 무역 확대로 설정되었고, 구체적으로 중국의 수출용 원자재 부품 공급기지로서의 포지셔닝, 중국 내 외자기업을 상대로 한 수출력 강화, 글로벌 조달기지로서 중국 활용, 대중국 신규 유망 수출상품 발굴 및 육성 등으로 나타났다. 더 큰 시각으로는 그간의 개발도상국-선진국 사이에 낀 경쟁력 악화라는 이른바 샌드위치론에 대해, 제조업-서비스업 간 균형을 통한 중국과의 상호보완적 산업구조를 형성함으로써 중국으로 몰리는 세계 자본을 활용하는 복합무역전략을 전개하여 동북아 경제 중심국을 건설하자는 비전으로 발전하였다. 나아가 한중 간 분업구조를 수직적 산업 내 분업에서 점차 수평적 산업 내 분업으로 발전해 갈 것에 대비하고자 하였다.

2000년대 말 국제 통상갈등 구조의 변화

WTO 체제의 완숙과 FTA의 확산이 이루어졌던 2000년대는 통상분쟁의 주체와 내용의 변화를 가져오기도 하였다. 주체 측면에서 미국의 한국산 탄소강관에 대한 미 통상법 201조(세이프가드) 발동, 하이닉스 구조조정과 관련한 한국산 DRAM(dynamic random-access memory, 동적임의접근기억장치)•에 대한 EU와 미국의 상계관세 조사 등 선진국과의 분쟁도 여전하였으나, 과거와 달리 인도, 중남미 등 개발도상국으로부터도 석유화학 및 섬유 등에 대한 반덤핑, 세이프가드 조사가 증가하기 시작하였다. 분쟁의 내용 측면에서도 전통적으로 공산품에 대한 관세, 서비스시장 개방 등이 통상마찰의 핵심이었으나 세계경제 통합이 진행

DRAM: DRAM은 컴퓨터에서 데이터를 저장하는 휘발성 메모리 장치의 일종으로 통상 '디램 반도체'로 불린다. 1990년 이후 한국의 주력 수출품 중 하나이다.

되면서 유전자 조작, 호르몬 처리 식품 등 과거에는 국내 정책으로만 여겨지던 영역들이 국제 통상분쟁의 현안으로 부상하기 시작하였다. 특히, 방법적으로는 기술규제를 통한 보호주의적 조치와 목적 측면에서는 환경을 명분으로 한 녹색보호주의가 대두되기 시작하였다.

2009년 글로벌 금융위기, 유럽 재정위기, 브렉시트(Brexit) 등 선진국 경제 시스템에 대한 회의와 금융위기 이후 나타난 이른바 무역붕괴(trade collapse)라는 급속한 세계교역 위축 현상 가운데 견조한 중국경제의 모습은 대비된 성과를 나타냈었다. 이에 대해 미국은 중국이 불공정한 자유무역 무임승차 국가라는 인식을, 중국은 미국이 오히려 자기편의적 자유무역주의 국가라는 인식을 형성하여 이후 전개될 미중 통상전쟁의 도화선이 만들어지는 계기가 되었다. 구체적으로, 2009년 9월 미국이 중국산 타이어에 특별세이프가드 조치를 부과하고, 이에 대해 중국이 WTO 분쟁해결 절차 구성을 요구하는 한편, 같은 해 11월 보복조치로 미국산 자동차에 대한 반덤핑 및 상계관세 조사를 개시하였다. 미 상무부는 비시장경제(non-market economy) 국가의 덤핑행위와 보조금 지급에 대응하는 내용을 담은 무역구제법 집행 강화를 위해 14개 개정안을 발표하며 중국에 압박 강도를 높였다. 이에 따라 비시장경제 국가산 수입에 대한 덤핑 산정 계산법을 개정하고 국유기업의 보조금 지급에 대한 조사를 강화해 나갔다. 한국은 중국과의 경쟁 관계로 인한 긍정적 반사이익과 함께 중국에 진출한 우리 기업의 대미 수출 및 대중 중간재 수출 국내 기업의 피해가 동시에 발생하는 구조적 이슈가 발생하게 되었다.

2010년대

글로벌 공급망의 심화와 메가 FTA

2010년대는 이른바 메가(Mega) FTA 전략의 전개와 미 트럼프 행정부 이후 본격화된 미중 패권 분쟁에 대한 대응이 통상정책의 주요 과제였다. 한국은 2000년대 동시다발적 FTA를 통해 미국, EU, 아세안을 포함한 세계 GDP의 약 60%에 해당하는 지역과 FTA 네트워크를 구축한 유일한 국가가 되었으나, 중소기업의 FTA 활용 증대를 통한 해외 판로 확대 등 FTA의 실효성은 낮은 수준에 있다는 지적이 있어 왔다. 이에 대한 대응으로 기체결 FTA 개선 협상과 함께 통상정

|그림 9| 2013년 신(新)통상 로드맵

〈목표: 창조경제를 선도하는 상생형 통상 국가〉

정책기조: ① 개방형 통상정책의 기조 유지 ② 상대국과 상생(win-win)하는 통상전략 수립
③ 통상정책 성과의 국내 공유 시스템 구축 ④ 협업·소통의 통상정책 기반 확충

	그간의 통상정책 전략	신통상정책 전략
추진전략	FTA 교섭 중심의 통상	산업과 연계를 강화한 통상
통상교섭	• FTA Hub 구축	• 지역통합의 중심 핵심 축(linchpin)
통상협력	• 거대경제권 위주	• 신흥국 맞춤형 통상협력 모델 개발
성과공유	• FTA 효과의 체감도 저하	• 통상정책의 실효성 제고(일자리, 중소기업)
추진방식	• 분절적 통상 추진 체계 • 정부 주도	• 통상교섭-이행-대책 일원화 • 민관 협업과 소통

자료: 산업통상자원부(2013. 6. 14).

책과 산업정책을 일원화시키는 것을 목적으로 통상 기능을 외교부에서 산업부로 이관하여 2013년 산업통상자원부 체제를 구축하였다. 같은 해 6월에 산업통상자원부는 이른바 '신(新)통상 로드맵'을 발표하였는데, 지역통합 주도를 위한 FTA 추진, 신흥국과의 상생형 FTA 추진, 국가별 맞춤형 통상협력 추진, 국내 정책과의 연계 강화 등을 주요 내용으로 하였다.

먼저 지역통합 주도를 위해, 기구축된 FTA 네트워크를 기반으로 중국 중심의 동아시아 통합시장과 미국 주도의 환태평양 통합시장을 연결하는 핵심 축(linchpin) 역할을 수행한다는 비전을 제시하였다. 이는 한-중 FTA 및 한-중-일 FTA와 함께 중국이 주도하는 RCEP(Regional Comprehensive Economic Partnership, 역내 포괄적 경제 파트너십)• 협상을 통해 동아시아 통합시장에서의 주도권을 확보하고 한-중 FTA와 한-미 FTA를 중심으로 아시아-태평양 경제통합의 허브 역할을 수행하겠다는 전략이었다.

RCEP: RCEP는 2012년 11월 협상을 개시하여 2020년 11월 체결된 아세안 10개국(브루나이, 캄보디아, 인도네시아, 라오스, 말레이시아, 미얀마, 필리핀, 싱가포르, 태국, 베트남) 및 한국, 중국, 일본, 호주, 뉴질랜드 등 15개국이 참여하는 복수국 간 FTA를 일컫는다. 출범 초기에는 인도도 협상에 참여한 16개국 간 협상체였으나 2019년 탈퇴를 선언하였다.

당시 국제 통상 질서는 WTO의 사실상 협상 기능 정지, 미국과 EU 간 FTA인 TTIP(Transatlantic Trade and Investment Partnership), 일본-EU FTA, EU-캐나다 FTA, 미국 주도의 동아시아 복수국 간 FTA인 TPP(Trans-Pacific Partnership) 등 이전의 양자 간 FTA에서 거대경제권 간 혹은 복수 국가 간 FTA인 이른바 '메가 FTA'를 통한 새로운 통상규범의 생성 시도가 진행되고 있었다. 이른바 '린치핀 전략'은 이전의 'FTA 허브'를 메가 FTA 시대에 맞게 업그레이드한 FTA 추진전략으로 해석할 수 있다. TPP는 트럼프 행정부 집권 이후 미국의 탈퇴로 CPTPP(Comprehensive and Progressive Agreement for Trans-Pacific Partnership)라는 명칭으로 변경되어 발효되었지만, 여전히 RCEP와 대비되는 아태 역내 통상규범 플랫폼으로 한국에 중요한 전략적 가입 고려 대상으로 존재하였다.

|그림 10| RCEP(15개국)과 CPTPP(11개국) 가입국 비교

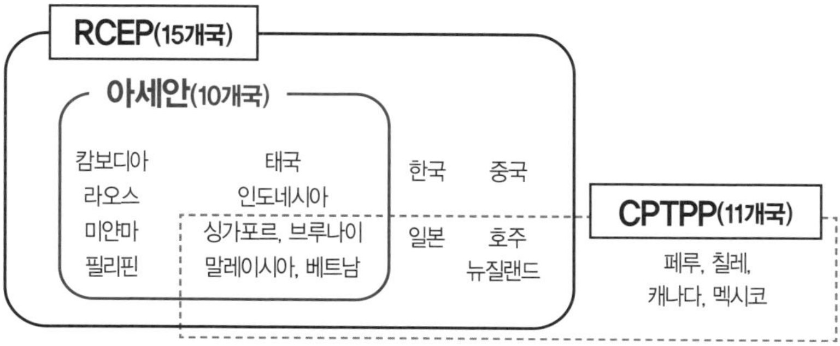

자료: 산업통상자원부(2020. 11. 13).

다른 한편 선진경제권의 성장 둔화와 대비되는 신흥국의 견조한 성장세에 대응하여, 신흥국의 개발 및 협력수요에 부응하면서 산업, 자원, 에너지 협력 등과의 연계를 통한 상생(win-win)방식의 FTA를 추진하고자 하였다. 특히, ASEAN, 그중에서도 우리 기업의 진출과 수출 확대 필요성이 큰 것으로 판단된 인도네시아, 베트남 등과 양자 간 FTA 협상을 추진하였다. 이와 함께 전통적으로 자주 사용되던 접근방법인 국가별 맞춤형 통상협력을 추진하고자 하였다. 다만 이전과는 다르게 국가별 분류방식에 외교적 관계 대신 FTA 체결 유무를 추가하여 기체결국과는 FTA 활용을 통한 시장 확대와 기업 진출 효과를 극대화하고, 미체결국이나 주력시장인 중국이나 일본 등과는 FTA 체결로 관세 및 비관세 장벽을 완화한다는 내용을 포함하였다.

국내 정책과의 연계 강화 측면에서는, 해외 진출 정보 지원 기능 강화 및 지원체계 효율성 제고 등 기존의 접근과 논리구조 면에서 유사성을 유지하면서 세부 내용으로는 중소기업의 진출에 이전보다 방점을 두기 시작하였다. 이러한 배경에는 통상을 통한 시장창출 성과가 중소기업 육성이나 일자리 창출 등 국내 성과로의 연결이 부족하다는 반성이 자리잡고 있었다. 이러한 통상정책의 체감성 제고를 위한 또 다른 해결책이 FTA 개선 협상 및 신규 FTA 체결이었다. 가령, 인도네시아, 베트남 등과 한-ASEAN FTA가 체결되어 있으나 이후 경쟁국이 이들과 FTA를 체결하면서 당초 기대했던 효과를 충분히 누리지 못하게 되었다고 판단하여 양자협정을 통해 새롭게 보완이 필요하다는 접근이었다. 아울러, 한국 제품에 대한 수요가 급증하는 남미, 중앙아시아, 북아프리카 신흥시장과의 FTA 추진 계획이 수립되었다. 2018년 2월 중미 5개국(파나마, 코스타리카, 온두라스, 엘살바도르, 니카

라과)과의 FTA, 같은 해 3월 한-미 FTA 개정 합의 및 한-중 FTA 서비스 투자 후속 협상 개시 등이 이와 같은 맥락에서 추진되었다.

적대적 통상갈등 환경의 시작

2010년대의 통상 환경을 묘사하는 또 다른 측면은 비경제적 요인을 이유로 하는 통상갈등인 적대적 통상갈등의 확산이다. 대표적인 것이 미 트럼프 대통령 취임 후 시작된 미중 간 통상전쟁으로 불리는 미국과 중국 간 통상갈등 그리고 한국에 보다 직접적이었던 2016년 7월 한반도 사드(THAAD, 고고도 미사일 방어 시스템) 배치에 따른 중국의 한한령(限韓令)과 2018년 7월부터 시작된 일본의 한국 수출에 대한 화이트 리스트 제외 조치이다.

전자의 경우 2017년 미국 트럼프 대통령이 당선되면서 기존의 TPP로 대표되던 무역 자유화 규범 확산을 통한 대중 견제정책을 보다 직접적이고 적대적인 형태인 관세부과 조치를 중심으로 선회하면서 시작되었다. 2017년 8월 트럼프 대통령은 1974년 미국 무역법 301조에 따른 중국의 기술이전 및 지적재산권 관련 제도로 인한 미국의 피해 여부 조사를 지시

한 것을 시작으로, 2018년 3월에는 무역확장법 제232조(Trade Expansion Act Section 232)에 근거해 철강과 알루미늄 수입제품에 대해 중국의 불공정 무역관행을 이유로 25%와 10%의 관세를 부과하면서 양국 간 무역전쟁이 본격화되었다. 이후 2019년 12월 무역협상 1단계 합의를 이루었으나, 양국 간 기술패권 경쟁적 관계 및 체제 적대적 관계는 지속되었다. 중국은 한국의 최대 수출국으로 2018년 기준 한국 수출의 1/4을 상회하였고, 미국은 한국의 수출 2위 대상국으로 총수출의 12%를, 중국과 미국을 포함할 경우 1/3 이상을 차지하였다. 반면, 2018년까지 누적 기준으로 미국은 한국 해외 투자의 23%를 차지하는 최대 투자 대상국이며, 중국은 14%로 2위 대상국인 상황이었다. 미중 무역분쟁이 관세를 넘어 기술패권 경쟁으로 점차 전이되면서 한국의 전략적 입지 확보가 통상정책에 핵심 과제로 떠오르게 되었다.

후자의 경우, 중국 정부는 2016년 7월 주한미군의 한반도 사드 배치 발표 이후 한국 단체 관광, 한류 콘텐츠 방영 등에 대한 금지, 현지 한국 기업들에 대한 행정 조치 등 이른바 한한령으로 불리는 다양한 경제적 압박을 가하였고, 이는 한국 제품에 대한 불매운동과 반한 감정 확산으로 이어지면서 한국 기업들의 중국 시장 진출에 큰 어려움을 조성하였다. 이에 대해 중국 정부는 공식적으로 보복 조치의 존재를 인정하지 않음에 따라 비공식적인 해결에 의존해야 하였고, 간접적으로는 한-중 FTA 2단계 협상이 공식적인 해결 방안으로 추진되었으나 이마저도 진전에 어려움을 겪었다. 미중 통상갈등과 중국의 한한령은 근본적으로는 정치외교적 외생적 충격이라는 점에서 해당 문제 자체를 해결하기보다는 통상전략적 대안 모색을 통한 대응에 집중하였다. 가령 2017년부터 추진된 신남방정책과 신북방정책과 같이 외교정책에 통상정책을 접목하는 한편, 수출시장을 다변화하는 방식이 대표적이다.

2018년 한일 무역분쟁 역시 단순히 경제적인 이해를 넘어선 적대적인 성격을 갖는 통상분쟁이었다. 이는 2018년 10월과 11월 한국 대법원이 신일본제철과 미쓰비시중공업을 상대로 강제 동원 피해자들에게 배상하라고 각각 확정판결한 것에 대한 보복 조치로 일본 경제산업성이 2019년 7월 반도체 소재 3건을 대상으로 한국에 대해 수출규제를 내리고, 같은 해 8월 한국을 수출심사우대국(이른바 화이트 리스트)에서 제외한 것이었다. 이에 한국은 같은 해 9월 일본을 WTO에 제소하는 한편, 화이트 리스트 제외로 맞서며 양국 간 통상갈등이 심화되었다. 이 갈등은 2023년 3월 대한민국 정부가 강제징용 배상에 대한 해법을 마련한 이후 동년 6월에 일본이 한국을 화이트 리스트에 추가하는 개정안을 공포함으로써 비로소 해소되었다.

이렇듯 2010년대 후반부터 통상정책은 탈냉전 이후 지속되어 왔던 세계화 추세가 중단되고 체제경쟁, 국가 간 신뢰 혹은 공통가치 공유 여부에 따른 적대적 배제라는 비경제적 층위를 동시에 고려해야 하는 과제를 가지게 되었다.

나가며

한국은 해방 이후 대한민국 수립을 통해 주권을 회복하면서 통상주권도 함께 회복하였다. 양차 세계대전 이후 펼쳐진 새로운 국제 통상 환경, 이후의 지속적인 국제 경제 질서의 변화들을 때로는 수동적으로 적응하고 때로는 적극적으로 활용하면서 세계적인 무역 국가로 성장해 왔다. 최빈국에서 선진국으로 발전해 오는 성장의 단계마다 늘 새로운 통상 환경에 근본적 변화들이 있어 왔다.

글을 쓰고 있는 2020년대는 미중 패권경쟁, 코로나 팬데믹, 러시아-우크라이나 전쟁 등과 같이 세계화의 후퇴를 암시하는 사건들이 이어지고 있다. 이와 함께 공급망의 중요성에 대한 인식이 세계적으로 확산됨에 따라 이른바 공급망 재편(supply chain regoranization) 논의가 시작되고 있다. 재편의 조건으로 민주주의, 환경, 인권 등의 비경제적 가치가 통상에 결합되어 전개되는 형국이다. 기술적으로도 빅데이터와 인공지능에 힘입은 다양한 디지털 관련 이슈들이 국내 경제는 물론 국가 간 통상, 안보의 기존 틀에 커다란 변화를 가져오고 있다.

국제 통상규범에도 변화가 시작되고 있다. WTO는 DDA 협상이 표류된 이후 협상 기능이 사실상 크게 약화되었고, 사법 기능인 WTO 상소기구 또한 미국의 임기만료 상소위원에 대한 임명 거부로 2019년 12월부터 정족수 미달로 인한 마비 상태에 있다. 이는 무역의존도가 높은 한국에게 다자 체제를 통한 통상분쟁 해결이라는 소중한 보호자산 약화를 가져오고 있다. 새로운 통상규범은 기존의 양자 간 시장접근 중심의 FTA 대신 규범 위주의 복수국 간 연성규범의 형태들이 시도되고 있다. 미국 주도의 IPEF(Indo-Pacific Economic Framework for Prosperity, 인도태평양경제프레임워크)•가 대표적이다. 시장접근이 없는 배타적 규범 형성과 협력체계 구축을 통해 얻을 수 있는 경제적 실익은 무엇이며, 통상조약이 아닌 합의의 형태로 제도적 안정성을 어떻게 확보할 수 있을지, 새로운 규범 형성을 둘러싼 다양한 정책적 과제들이 뒤따르고 있다.

이러한 새로운 변화 가운데 한국은 어떻게 대응해야 혹은 이제는 선진국으로서 어떻게 주도해야 할까?

IPEF: IPEF는 2022년 5월 미국, 한국, 일본, 호주, 뉴질랜드, 베트남, 브루나이, 인도, 인도네시아, 말레이시아, 필리핀, 싱가포르, 태국, 피지 등 14개국이 참여한 미국 주도의 경제통상협력체로, 무역, 공급망, 청정경제, 공정경제의 네 가지 축으로 구성되어 협상이 진행되고 있다. 관세 인하, 서비스시장 개방 등 시장접근을 주요 내용으로 하는 기존의 무역협정들과 달리 공급망, 디지털, 청정에너지 등 신통상 이슈를 중심으로 한 새로운 규범 형성과 협력체계 구축을 목표로 하고 있다.

무역입국, 중견 통상 국가, 선진 통상 국가, 그다음의 한국 통상정책적 비전을 찾아야 하는 새로운 단계에 와 있는 듯하다.

| 부록 | 1970년대 이후 발효된 통상조약 목록

• 1970년대

조약명	국가명	발효일
대한민국 정부와 엘살바도르 정부 간의 무역협정	엘살바도르	1971. 1. 26
대한민국 정부와 오스트리아 정부 간의 무역협정	오스트리아	1971. 10. 30
대한민국 정부와 네팔 정부 간의 무역협정	네팔	1971. 5. 6
대한민국 정부와 요르단 정부 간의 무역협정	요르단	1973. 3. 12
대한민국 정부와 가이아나 정부 간의 무역협정	가이아나	1973. 3. 26
대한민국 정부와 중앙아프리카 정부 간의 장기 무역협정	중앙아프리카	1973. 5. 10
대한민국 정부와 방글라데시인민공화국 정부 간의 무역 및 경제협력협정	방글라데시	1973. 7. 21
대한민국 정부와 그리스 정부 간의 무역협정	그리스	1974. 10. 4
대한민국 정부와 호주 정부 간의 무역 및 경제 관계의 발전에 관한 협정	호주	1975. 6. 17
대한민국 정부와 코스타리카 정부 간의 무역협정	코스타리카	1975. 6. 27
대한민국 정부와 뉴질랜드 정부 간의 무역 및 경제·기술협력에 관한 협정	뉴질랜드	1976. 4. 20
대한민국 정부와 모로코 정부 간의 무역협정	모로코	1976. 5. 22
대한민국 정부와 페루공화국 정부 간의 무역협정	페루	1976. 5. 5
대한민국 정부와 이란 정부 간의 무역협정	이란	1976. 6. 14
대한민국 정부와 세네갈 정부 간의 무역협정	세네갈	1976. 6. 23
대한민국 정부와 포르투갈 정부 간의 무역협정	포르투갈	1977. 12. 2
대한민국 정부와 터키 정부 간의 무역 증진 및 경제·기술협력에 관한 협정	터키	1977. 12. 6
대한민국 정부와 미합중국 정부 간의 비고무화류 교역에 관한 협정	미국	1977. 6. 28
대한민국 정부와 차드 정부 간의 무역협정	차드	1978. 1. 27
대한민국 정부와 구주공동체 집행위원회 간의 특정 철강제품 교역에 관한 각서 교환	유럽연합	1978. 10. 23
대한민국 정부와 필리핀 정부 간의 무역협정	필리핀	1978. 11. 6
대한민국과 아이티 간의 무역협력에 관한 협정	아이티	1978. 4. 27
대한민국 정부와 과테말라 정부 간의 무역협정	과테말라	1978. 4. 28
대한민국 정부와 미합중국 정부 간의 비고무화류 교역에 관한 협정에 대한 개정(교환각서)	미국	1978. 5. 12
대한민국과 수단 간의 무역 증진 및 경제·기술협력에 관한 협정	수단	1978. 6. 27
대한민국 정부와 칠레 정부 간의 무역협정	칠레	1978. 7. 14
대한민국 정부와 자메이카 정부 간의 무역협정	자메이카	1979. 5. 19
대한민국 정부와 가봉 정부 간의 무역협정	가봉	1980. 11. 18

자료: 국가법령정보센터(법제처).

• 1980년대

조약명	국가명	발효일
대한민국 정부와 라이베리아 정부 간의 무역협정	라이베리아	1981. 5. 7
대한민국 정부와 자이르 정부 간의 무역협정	자이르	1982. 8. 11
대한민국 정부와 우루과이 정부 간의 무역협정	우루과이	1982. 8. 11
대한민국 정부와 어퍼볼타 정부 간의 무역협정	어퍼볼타	1982. 9. 13
대한민국 정부와 호주 정부 간의 시장개방에 관한 각서 교환	호주	1983. 11. 24
대한민국 정부와 이라크 정부 간의 무역 및 경제·기술·과학 협력에 관한 협정	이라크	1983. 7. 21
대한민국 정부와 카메룬 정부 간의 무역협정	카메룬	1983. 8. 13
대한민국 정부와 스리랑카 정부 간의 무역협정	스리랑카	1984. 10. 8
대한민국 정부와 콜롬비아 정부 간의 무역협정	콜롬비아	1986. 12. 10
대한민국 정부와 보츠와나공화국 정부 간의 무역협정	보츠와나	1986. 8. 14
대한민국 정부와 코트디브와르 정부 간의 무역협정	코트디브와르	1986. 8. 9
대한민국 정부와 파라과이 정부 간의 무역협정	파라과이	1988. 6. 24
대한민국 정부와 헝가리인민공화국 정부 간의 무역 및 경제협력에 관한 협정	헝가리	1989. 2. 1
대한민국 정부와 소비에트사회주의공화국연방 정부 간의 무역협정	러시아	1990. 12. 14
대한민국 정부와 루마니아 정부 간의 무역협정	루마니아	1990. 12. 21
대한민국 정부와 폴란드인민공화국 정부 간의 무역협정	폴란드	1990. 2. 2
대한민국 정부와 미합중국 정부 간의 철강교역 자유화협정	미국	1990. 4. 20
대한민국 정부와 미합중국 정부 간의 특정 철강제품 교역에 관한 약정	미국	1990. 4. 20

자료: 국가법령정보센터(법제처).

• 1990년대

조약명	국가명	발효일
대한민국 정부와 체크슬로바크연방공화국 정부 간의 무역 및 경제협력에 관한 협정	체크슬로바크	1991. 4. 2
대한민국 정부와 몽골인민공화국 정부 간의 무역협정	몽골	1991. 4. 30
대한민국 정부와 중화인민공화국 정부 간의 무역협정	중국	1992. 10. 30
대한민국 정부와 우즈베키스탄공화국 정부 간의 무역협정	우즈베키스탄	1992. 11. 20
대한민국 정부와 카자흐스탄 정부 간의 무역협정	카자흐스탄	1992. 7. 3
대한민국 정부와 리투아니아공화국 정부 간의 무역협정	리투아니아	1993. 11. 9
대한민국 정부와 베트남사회주의공화국 정부 간의 무역협정	베트남	1993. 6. 12
대한민국 정부와 크로아티아공화국 정부 간의 무역협정	크로아티아	1995. 11. 15
대한민국 정부와 불가리아공화국 정부 간의 무역협정	불가리아	1996. 6. 10
대한민국 정부와 우크라이나 정부 간의 무역협정	우크라이나	1997. 4. 25
대한민국 정부와 이집트아랍공화국 정부 간의 무역협정	이집트	1998. 5. 2
대한민국 정부와 슬로베니아공화국 정부 간의 무역 및 경제협력에 관한 협정	슬로베니아	2000. 4. 3

자료: 국가법령정보센터(법제처).

• 2000년대

조약명	국가명	발효일
대한민국 정부와 이디오피아연방민주공화국 정부 간의 무역협정	이디오피아	2003. 4. 24
대한민국 정부와 체코공화국 정부 간의 무역 및 경제협력에 관한 협정의 종료를 위한 교환각서	체코	2003. 5. 27
대한민국 정부와 벨라루스공화국 정부 간의 무역협정	벨라루스	2004. 11. 8
대한민국 정부와 폴란드공화국 정부 간의 무역협정 종료를 위한 교환각서	폴란드	2004. 2. 11
대한민국 정부와 슬로바키아공화국 정부 간의 무역 및 경제협력에 관한 협정의 종료를 위한 교환각서	슬로바키아	2004. 2. 3
대한민국 정부와 헝가리공화국 정부 간의 무역 및 경제협력에 관한 협정의 종료를 위한 교환각서	헝가리	2004. 2. 6
대한민국 정부와 칠레공화국 정부 간의 자유무역협정	칠레	2004. 4. 1
대한민국 정부와 슬로베니아공화국 정부 간의 무역 및 경제협력협정의 종료를 위한 교환각서	슬로베니아	2004. 7. 30
대한민국 정부와 아르헨티나공화국 정부 간의 경제 및 무역협력에 관한 협정	아르헨티나	2006. 10. 25
1990년 8월 7일 서명하고 동년 12월 21일 발효된 대한민국 정부와 루마니아 정부 간의 무역협정 종료	루마니아	2006. 12. 31
대한민국 정부와 싱가포르공화국 정부 간의 자유무역협정(FTA)	싱가포르	2006. 3. 2
대한민국과 유럽자유무역연합 회원국 간의 자유무역협정	EFTA	2006. 9. 1
대한민국 정부와 우크라이나 정부 간의 무역협정 개정에 관한 교환각서	우크라이나	2008. 10. 13
대한민국 정부와 이란회교공화국 정부 간의 무역협정	이란	2009. 6. 3
대한민국과 인도공화국 간의 포괄적 경제동반자협정	인도	2010. 1. 1

주: 음영은 자유무역협정(FTA)으로 체결된 조약을 의미함.
자료: 국가법령정보센터(법제처).

• 2010년대

조약명	국가명	발효일
대한민국과 유럽연합 및 그 회원국 간의 자유무역협정	유럽연합(유럽공동체)	2011. 7. 1
대한민국과 페루공화국 간의 자유무역협정	페루	2011. 8. 1
대한민국 정부와 콩고공화국 정부 간의 투자의 증진 및 보호에 관한 협정	콩고	2011. 8. 13
대한민국과 미합중국 간의 자유무역협정	미국	2012. 3. 15
대한민국과 에콰도르공화국 간의 소득에 대한 조세의 이중과세 방지와 탈세 예방을 위한 협약	에콰도르	2013. 10. 16
대한민국 정부와 키르기즈공화국 정부 간의 소득과 자본에 대한 조세의 이중과세 방지와 탈세 예방을 위한 협정	키르기스스탄(키르기즈)	2013. 11. 22
대한민국과 터키공화국 간의 자유무역지대를 창설하는 기본협정	터키	2013. 5. 1
대한민국 정부와 크로아티아공화국 정부 간의 무역협정 종료	크로아티아	2013. 9. 12
대한민국 정부와 호주 정부 간의 자유무역협정	호주(오스트레일리아)	2014. 12. 12
대한민국 정부와 조지아 정부 간의 해상운송에 관한 협정	조지아	2014. 2. 28
대한민국과 캐나다 간의 자유무역협정	캐나다	2015. 1. 1
대한민국과 뉴질랜드 간의 자유무역협정	뉴질랜드	2015. 12. 20
대한민국 정부와 베트남사회주의공화국 정부 간의 자유무역협정	베트남	2015. 12. 20
대한민국 정부와 중화인민공화국 정부 간의 자유무역협정	중국	2015. 12. 20
대한민국과 콜롬비아공화국 간의 자유무역협정	콜롬비아	2016. 7. 15
통일상품명 및 부호체계 2012를 반영하기 위한 대한민국 정부와 칠레공화국 정부 간의 자유무역협정 부속서 4(원산지 규정) 개정에 관한 교환각서	칠레	2017. 7. 1
대한민국과 터키공화국 간의 자유무역지대를 창설하는 기본협정에 따른 서비스무역에 관한 협정	터키	2018. 8. 1
대한민국과 터키공화국 간의 자유무역지대를 창설하는 기본협정에 따른 투자에 관한 협정	터키	2018. 8. 1
대한민국과 미합중국 간의 자유무역협정을 개정하는 대한민국 정부와 미합중국 정부 간의 의정서	미국	2019. 1. 1

주: 음영은 자유무역협정(FTA)으로 체결된 조약을 의미함.
자료: 국가법령정보센터(법제처).

• 2020년대

조약명	국가명	발효일
대한민국과 영국 간의 자유무역협정	영국	2021. 1. 1
베트남사회주의공화국과 유럽연합 간의 자유무역협정 원산지 누적 관련 규정의 이행을 위한 대한민국 정부와 베트남사회주의공화국 정부 간의 교환각서	베트남	2021. 3. 1
대한민국 정부와 뉴질랜드 정부 간의 농림수산협력에 관한 약정 종료	뉴질랜드	2021. 3. 2
대한민국 정부와 캄보디아왕국 정부 간의 자유무역협정	캄보디아	2022. 12. 1
대한민국 정부와 이스라엘국 정부 간의 자유무역협정	이스라엘	2022. 12. 1
대한민국 정부와 인도네시아공화국 정부 간의 포괄적 경제동반자협정	인도네시아	2023. 1. 1

주: 음영은 자유무역협정(FTA)으로 체결된 조약을 의미함.
자료: 국가법령정보센터(법제처).

참고문헌

김철수(2019), 『통상의 길 50년』, 매일경제신문사.

김태형(2005), 「Colombo Plan」, 『국제협력동향』, 한국국제협력단, 117~127.

박경로·김낙년·이상철·박기주·김두얼·박이택·임동민(2015), 『한국의 무역 성장과 경제 사회 변화』, 대한민국역사박물관 한국현대사 연구총서 7.

박상하(2012), 「[한국기업성장史] 〈27〉 해방 직후 물자 바닥난 조선의 살길은 무역이었다」, 아시아경제.

______(2013), 『한국기업성장 100년史』, 경영자료사.

박정준·강민규(2018), 「미국의 일방주의 통상정책 사례에 대한 연구: 자동차 산업을 중심으로」, 『무역학회지』 43(3), 47~74.

산업통상자원부(2020), 「세계 최대 FTA인 역내포괄적경제동반자협정(RCEP) 최종 서명」, 보도참고자료, 8.

상공부(1988), 『무역진흥 40년: 그 과정과 정책』.

이연호(2006. 12. 1), 「분야별 검색: 통상」, 행정안전부 국가기록원.

외교통상부(2007), 『외교백서』.

조영준·류상윤·홍제환 역해(2019), 『한국 경제의 재건을 위한 진단과 처방: 『네이산보고』(1954)의 재발견』, 한국학중앙연구원 출판부(Robert R. Nathan Associates, *An Economic Programme for Korean Reconstruction*, 1954).

한국무역협회(1950~2020), 『무역연감』.

______(1972), 『한국 무역사』.

______(2016), 『한국무역협회 70년사』.

온라인 데이터베이스

국가기록원(2007. 12. 1), 이연호(https://www.archives.go.kr/next/search/listSubjectDescription.do?id=006710&sitePage=1-2-1).

국가법령정보센터, 법제처(https://www.law.go.kr/).
한국민족문화대백과사전, 한국학중앙연구원(https://encykorea.aks.ac.kr).
FTA 강국, KOREA, 산업통상자원부(https://www.fta.go.kr/main/).
K-stat, 글로벌 무역통계 서비스, 한국무역협회(https://stat.kita.net/).
WITS(World Integrated Trade Solution), World Bank(https:wits.worldbank.org/).

찾아보기